LE LAC LADOGA

Jean-Serge Katembue T.

LE LAC LADOGA
Suivi de
Suaves Insomnies

© 2015 Jean-Serge Katembue Tshipepela
Tous droits réservés

Edition : Jean-Serge Katembue T.

Imprimé par BoD – Books on Demand GMBH
In de Tarpen 42
22848 Norderstedt
ALLEMAGNE

ISBN : 978-2-9552517-2-0
Dépôt légal : juillet 2015

Avertissement

Certains de ces poèmes font référence à l'ésotérisme, à des pratiques ésotériques ou encore au paganisme. Ces évocations ne constituent en aucun cas une quelconque invitation à adopter de telles pratiques ou croyances, pas plus qu'elles ne témoignent de l'adhésion de l'auteur à ces enseignements.

Table des matières

LE LAC LADOGA 9
   Le Lac Ladoga 11
   Le Jardin..48
   Le Boudoir 65
SUAVES INSOMNIES 75
   Les Citadelles...77
   Initiation 95
   Mort et résurrection......................................100

LE LAC LADOGA

Douce amie

Charmante demoiselle,
Au long de l'année,
Toujours votre grâce je veux célébrer
Humant la fumée des sacrifices d'encens
Entonnant des hymnes en votre honneur
Recevez ces modestes vers
Indignes de si gente personne
Ne dédaignez point leur piètre auteur
Et acceptez de vous souvenir de lui.

Le Lac Ladoga[1]

Labyrinthe

J'ai tant navigué dans ce labyrinthe humide
À la recherche d'une salvatrice issue
Qui, enfin me délivrerait du monstre hybride,
Mais à présent, j'attends ma fin, prostré, déçu

Le Minotaure me trouvera, me tuera
Je ne tenterai point de lutter ou de fuir
À l'heure d'exhaler mon dernier soupir,
J'aurai pour sûr cette pensée : « Bon débarras »

Poursuivi sans pitié, traqué sans répit,
Je n'ai pu échapper à ces murs décrépits
Faute d'une fiancée qui me donnât le fil

Précieux. J'entends s'approcher le coup fatal
J'espère simplement qu'il ne fera pas mal
J'ai peur… Je ferme les yeux, nullement viril.

Chance

Aux carrefours, je déposerai une pierre
En l'honneur du dieu aux sandales ailées[2]
Qui me la fit rencontrer dans le cimetière

---

[1] Lac situé au Nord-Est de Saint Pétersbourg en Carélie
[2] Il s'agit du dieu Hermès (Mercure chez les Romains)

Parisien en larmes devant le mausolée

D'Héloïse et d'Abélard[3]. Je venais l'orner
D'une rose désespérée qui briserait
Enfin la malédiction des amours mort-nées
Je trouvai là une visiteuse au teint frais

Qui me questionna sur ces gisants recouverts
De roses : « Ainsi conjurons-nous les revers
Amoureux. » Elle se lamenta qu'un bouquet

Si joli fût soumis à si lugubre usage
Je lui offris les fleurs : son avis était sage
Elle rougit mais l'accepta d'un air coquet.

Envoûtement

J'étais venu en quête de mélancolie
Écouter le chant monotone des pleureuses
Mais la rencontre inattendue d'une jolie
Touriste rendit cette matinée heureuse

Ensemble, nous visitâmes le cimetière
Je lui montrai l'inconnue du chemin Suchet[4]
Les arbres triomphant des imposantes pierres
Tombales, les mausolées... Le soleil séchait

Mes larmes. Quand nous regagnâmes les gisants
Des deux amants, devinant ma peine de cœur

---

[3] Deux célèbres amants du Moyen Âge dont la tombe se trouve au cimetière du Père-Lachaise
[4] Il s'agit d'un chemin du cimetière du Père-Lachaise

Elle m'offrit un étrange porte-bonheur,
Un flacon rempli d'une eau enchantée. Disant

Cela, sereinement, elle m'en appliqua
Une goutte dans la main pour guérir mes plaies
D'amour. Je m'entendis l'inviter au palais
Garnier[5] : ce soir-là on donnait *Rusalka*[6].

La Parisienne

Jamais je n'avais pensé que la Parisienne
Pût être surpassée tant son raffinement
Est loué de par le monde en des antiennes
Vibrantes. Je n'oublie point mon ravissement

Quand tu retiras ton long manteau, te montrant
Dans une robe d'opéra audacieuse
Qui, ce soir-là, dut faire bien des envieuses
Parmi les plus jolies spectatrices aux bras

Blancs et splendides, à la gorge magnifique
Aux bijoux scintillants. Leurs instruments d'optique
Se désintéressaient des malheurs de l'ondine

Pour observer à la dérobée notre loge.
Silencieusement, je prononçai l'éloge
De ton charme, tant tu m'évoquais Mélusine[7].

---

[5] L'opéra de Paris
[6] Opéra d'Antonin Dvorak ; une rusalka est une sorte d'ondine dans le monde slave
[7] Fée à l'origine de nombreuses légendes

Insomnie

Un suave rayon de lune sur mon visage
Me réveilla : j'allais contempler le ciel
Étoilé que parcouraient quelques rares nuages.
La Lune se déployait féminine et belle

Me rappelant cette inoubliable soirée
À l'opéra. J'y avais à peine écouté
La musique tant m'avait charmé sa beauté
Devant laquelle les jolies femmes parées

Des plus riches bijoux avaient dû s'incliner
À regret. Elle affichait une grâce innée
Un port très élégant que les aristocrates

Ne possédaient guère. J'avais tellement hâte
De la revoir qu'à son hôtel je fis porter
Au matin un bouquet aux reflets argentés

Versailles

Nous contemplâmes longuement depuis le parterre
Le jardin qui s'étendait un rien austère
À mon goût avec sa parfaite symétrie
Je lui fis part de ma déception : elle en rit

Gentiment et me conduisit vers les bosquets
Où l'artiste avait fait preuve de fantaisie
Chacun d'eux était original et coquet
Invitant à l'évasion et à la poésie

La journée se passa dans l'émerveillement

Continuel. Comment oublier ces charmants
Instants ? Nous quittions la victoire toute d'or

Vêtue pour découvrir, éblouis un décor
Différents mais d'un raffinement tout aussi
Exquis où nous demeurâmes longtemps assis

Mythologie

Les références mythologiques abondent
Dans l'auguste château ; dans le vaste jardin
Hercule surveille les allées, le gourdin
À l'épaule. Des dieux se baignent dans l'onde

Exaltée des bassins. Je retrouvai, ravi,
Ces légendes qui faisaient partie de ma vie
Car elles m'avaient captivé depuis l'enfance
À ma surprise, elle avait une connaissance

Remarquable de ces récits. Ses commentaires
Face aux tableaux et aux statues m'impressionnèrent,
Me transportèrent dans cet univers magique.

Elle racontait avec de nombreux détails
Dans le style fleuri propre aux auteurs antiques
Si bien que j'en oubliai que j'étais à Versailles

Hallucination

Nous attendions dans la galerie des Glaces[8]
Que le soir vienne, que l'obscurité se fasse
Alors depuis le canal, un feu d'artifice
Éclairerait les jardins. Une cantatrice

Virtuose accompagnait la venue de la nuit.
Le spectacle débuta. On voyait éclore
Les projectiles en gerbes multicolores.
À un moment, quelque peu gagné par l'ennui

Je regardai en direction des miroirs.
La faible lumière que jetaient les bougeoirs
M'indiqua un bien mystérieux reflet

Une belle nymphe au bord d'un lac m'appelait
Elle me tournait le dos mais je reconnus
Cette beauté contemplée sur bien des nus.

L'Appel du Lac

Dans le train du retour, je songeai à l'appel
De cette mystérieuse nymphe. Le bonheur,
L'amour m'étaient destinés quelque part ailleurs
J'en étais convaincu. Mais la surnaturelle

Apparition n'avait fourni que des indices
Imprécis : un vaste lac avec sa belle onde
Comme il en existe des milliers dans le monde
Je ne savais décrypter cet heureux auspice

---

[8] Galerie d'apparat du Château de Versailles

Le lendemain, je feuilletai tous les atlas
En ma possession en quête de l'estampe
D'un lac qui certifia la vision. Mes tempes

S'enflammaient d'espoir à chaque image. Hélas,
Mes efforts furent vains : je partis implorer
Les deux amants[9] avec une rose dorée.

Reliques

La rose revêtue de métal précieux
Scintillait sur le mausolée. Vers les cieux
Espérais-je, s'élevait l'intercession
Des illustres amants. Dans ma supplication,

J'avais promis de me fier à la première
Personne qui évoquerait une contrée
Lointaine : là j'irais, dussé-je pénétrer
Au cœur du désert. Le calme du cimetière,

Le soleil printanier, la présence d'un chat
M'avaient rendu espoir. Je pensais à l'achat
De nouveaux atlas pour continuer la quête

J'entendis un discret bruit de pas dans l'allée
Une jeune fille approchait, avançant tête
Nue. Je remarquai son teint joliment hâlé.

---

[9] Héloïse et Abélard

Révélation

Je fus ravi de voir approcher mon amie,
De cette nouvelle rencontre fortuite
Devant le mausolée. Quand je me fus remis
De ma surprise, elle m'expliqua sa visite.

Elle était venue dessiner une gravure
Des gisants qu'elle comptait montrer en Russie
Peignant avec précision, d'un geste sûr
Elle composa un tableau fort réussi

Je le constatai plus tard car sur le moment
J'étais abasourdi. Les célèbres amants
N'avaient pas tardé à exaucer ma prière

Je savais désormais où rencontrer l'amour
Mon destin m'appelait vers les lointaines terres
De Russie. J'irais d'abord à Saint-Pétersbourg.

Le Lac occulté

Troublante Ekaterina, es-tu femme ou fée ?
Ta voix a la douceur de la lyre d'Orphée
À chaque rencontre, en un singulier mirage,
Elle m'évoque le même étrange paysage :

Enfoui au milieu d'une forêt d'érables,
Un étang parsemé de cygnes vénérables
En longeant, serein, ses rives sans fin, je hume
Les senteurs sauvages et secrètes. La brume

Matinale s'est dissipée depuis longtemps

Pourtant je ne quitte point l'adorable étang
Captivé par le chant de l'onde cristalline,

Qui me promet l'amour d'une charmante ondine
Je ne regagnerai pas la ville ce soir
Mais demeurerai ici espérant la voir.

Promenade

C'en sera fini de nos parties de campagne
Égayées par de joyeux matchs de badminton :
Les cris des oies sauvages annoncent l'automne,
La ville, la fin de cette vie de cocagne

Je contemple encore une fois la clairière
Puis m'éloigne mélancolique, mon « Werther[10] »
À la main. Ta silhouette émeraude et svelte
M'arrache aux tristes complaintes des héros celtes[11]

En me conviant à une randonnée sylvestre
Je me tiens silencieux à ta senestre[12]
Surpris que tu me mènes dans les profondeurs
De la forêt où nul ne pénètre sans peur

Après une longue marche de plusieurs lieues,
Nous atteignons enfin un lac, avec sa grève
Familière, maintes fois aperçue en rêve
Mais qui es-tu donc pour connaître pareil lieu ?

---

[10] Il s'agit des *Souffrances du jeune Werther* de Goethe
[11] Le héros, Werther, lit les poèmes du barde Ossian
[12] À ta gauche

La Dame aux cygnes (1)

Depuis que nous contemplons le lac en silence,
Étrangement ta robe émeraude scintille
Tu pénètres dans l'eau fraîche jusqu'aux chevilles
D'une voix pure tu récites une stance

En une langue inconnue qui me fait frémir
D'émotion. Bientôt les cygnes du lac t'entourent
Tu caresses les plus proches avec amour
Sans cesser de leur parler de ta voix de lyre,

Dans ce mystérieux idiome qui me ravit
Cette scène m'inspire une unique envie,
Vivre à jamais auprès de ce lac : je devine

Ta nature cachée, le sens de ces songes
Où, dans un étang, au crépuscule, je plonge,
Heureux captif de la plus jolie des ondines.

La Dame aux cygnes (2)

Ce soir-là, dans la pénombre du crépuscule,
Je contemplai le plus étonnant des mystères
Répondant à son appel, les cygnes dansèrent
Mués en femmes, coiffés de voiles de tulle

Ravissantes et aériennes sylphides
Drapées des longues robes chastes de Colchide[13]
Orientale tantôt femmes, tantôt oiseaux

---

[13] Ancien état correspondant à la Géorgie occidentale

Sur une musique venue du fond des eaux

Elles glissaient d'un pas harmonieux et pur
Sur l'onde apaisée, exécutant les figures
Raffinées d'une danse de la médiévale

Karthlie[14] dont elles célébraient l'immense gloire
Le spectacle ne s'acheva qu'à la nuit noire :
Une pluie de lucioles clôtura le bal.

Rusalka

Pour conquérir mon cœur, tu n'as pas à chanter
Tu n'as pas à danser, gracieuse sirène
Du lac Ladoga. Ton exaltante beauté
M'insuffle une passion que rien ne freine

Car je reconnais le mystérieux regard
Qui jadis me sauva de la houle assassine
De l'abîme tumultueux où l'on s'égare
À jamais. Fidèle et bienveillante ondine

Ne te retire point, étreins-moi donc encore
Comble-moi de tes longs baisers qui revigorent !
Je ne te préférerai point une princesse

Étrangère. Pour toujours, je te chérirai
Car prisonnier de tes délicieux rets[15]
Je ne vis plus que pour y demeurer sans cesse.

---

[14] Nom d'un royaume situé dans l'actuelle Géorgie
[15] Filets

Service militaire (1)

Du haut de la tour de guet de la forteresse,
Je fouille de mes impatientes jumelles
La vaste steppe silencieuse où se dressent
Quelques buissons. Ce ne sont guère les rebelles

Tartares que j'épie mais un assaut plus tendre
Que fusils et sabres ne peuvent contenir.
De cette morte place l'unique plaisir
Pour nous soldats qui dépérissons à attendre

L'ennemi redouté que nul n'a jamais vu.
Qu'apparaisse donc au loin l'incertain convoi
Qui me ravitaille en distractions, revues

Déjà anciennes, rumeurs de la ville et lettres…
Ces lettres douces et charmantes que tu m'envoies
Impatiente que bientôt, nous couronne[16] un prêtre.

Pirate

Lorsque le bateau accoste enfin dans un port
Les marins partent s'enivrer dans des tavernes
Suspectes. Je préfère demeurer à bord
Songer à mon lointain pays, à la galerne[17]

À mon hameau, à notre pauvre chaumière

---

[16] Allusion à l'office du mariage orthodoxe lors duquel une couronne est posée sur la tête des fiancées
[17] Vent froid de l'Ouest de la France

Au bourg voisin, à son église de pierre
Où je fus baptisé, à ce bon vieux bocage
Que j'ai fui pour une vie faite d'abordages

D'affrontements au sabre, de vagues hostiles
De furieuses canonnades, de tempêtes
De maladies funestes et de maints périls

Mais bientôt, je rentrerai, chargé de cassettes[18]
Remplies d'émeraudes et de pièces d'or
Demander en mariage la fée que j'adore.

Service militaire (2)

Caressé par le flot paisible de tes lettres
Je m'abandonne au doux rêve d'une existence
À tes côtés, inaugurée par une danse
Une ronde sacrée[19] conduite par le prêtre

La coupe commune[20] sagement nous enivre
Scelle notre vœu de ne jamais nous quitter
Pour enfanter de concert la félicité
En sacrifiant aux principes du Saint Livre

Ces insomnies bleues, si suaves que tu me causes
Vibrantes du désir que nous nous unissions
Chassent l'ombre de la solitude morose

---

[18] Petit coffre destiné à contenir bijoux et argent
[19] Allusion à la danse d'Isaïe lors du mariage orthodoxe, triple ronde effectuée autour de la table
[20] Dans le rite byzantin du mariage, les époux boivent à une coupe commune

Que bientôt voient le jour nos aspirations !
Que bientôt, libre, serein et heureux gars
Je t'embrasse sur les bords du lac Ladoga !

Icône

Quand je rejoins le dortoir du fort, l'âme en berne
Je tire de ma Bible la photographie
Qu'à mon départ tu m'offris. Elle me suffit
À oublier cette triste vie de caserne

Je me souviens alors des délicieux instants
Où nous nous promenions au bord de l'étang
À l'abri des regards, tendrement enlacés
Pendant des heures, sans jamais nous en lasser

Nous attendrissant à la vue de quelques faons
Choisissant les prénoms de nos futurs enfants
Ordonnant les détails de notre mariage

Dans cette forteresse terriblement rance
Seul ton souvenir maintient mon espérance
Alors pieusement, j'embrasse ton image.

Cocaïne

Si tu savais, Katya, le pouvoir de tes lettres
Elles sont pour moi la plus délicieuse drogue
Quand je les lis, la douceur embrase mon être
Mon fol esprit, fuyant sa captivité, vogue

Vole, plane et te rejoint à Saint-Pétersbourg
Où j'espère bientôt te dire mon amour
Lors de longues conversations intimes
Dans un café paisible que rien n'anime

Quand tu ne m'écris point, tel un toxicomane,
Anxieux, impatiemment j'attends la manne
Redoutant de ne plus en être jugé digne

Maintes angoisses m'assaillent et me pourchassent…
Alors à genoux, je supplie : « Katya de grâce
Ne me prive jamais de tes divines lignes. »

Parfum de femme

Afin de ranimer mon âme qui s'étiole
J'ouvre avec dévotion le coffret de nacre,
En retire pieusement l'ampoule du sacre
Une très sainte et très précieuse fiole

Que tu m'offris quand je quittai Saint-Pétersbourg
J'en hume le contenu et mon bras entoure
À nouveau ta taille en un délicieux tango
Moi en uniforme, toi en robe indigo

Parée d'un savoureux parfum qui m'ensorcelle
J'en oublie les violons, la voix de Gardel[21]
La vaste salle de bal, les autres convives

Ta fragrance, capiteux élixir bachique
Nous mène dans ton palais, sous un lac féerique

---
[21] Carlos Gardel (1890-1935), chanteur argentin de tango

Sceller notre union en une danse lascive.

Philtre d'amour

Sur les bords du lac, elle m'offrit un breuvage
Étrange. Depuis, chaque fois que je m'endors
Parmi les ronflements dans le dortoir du fort,
Dans la steppe, blotti dans mon sac de couchage,

Je me vois dans un précieux lit à baldaquin
Clôturé de voiles. J'entends venir quelqu'un
Une main délicate écarte le rideau
Ma nymphe adorée vient me combler de cadeaux,

Des plaisirs de Vénus. La caresse des draps
N'est rien comparée à l'étreinte de ses bras
Blancs, tendres mais impérieux. De Salmacis[22],

Elle imite la fougue et l'invincible emprise
Devant laquelle toute rébellion se brise
Si bien que nos corps, pour l'éternité, s'unissent.

Bouffées d'amour

Afin de prévenir toute attaque ennemie
Chaque nuit l'escouade part en bivouac
Accompagnée d'un détachement de cosaques

---

[22] Nymphe qui viola Hermaphrodite, fils de Vénus et d'Hermès, alors uniquement de sexe masculin. Il résulta de ce viol une fusion des deux corps en un seul qui lui, était bien hermaphrodite (à la fois homme et femme)

Même le soldat le plus aguerri blêmit

Quand retentissent les hurlements des chacals
Dans cette plaine battue par le vent glacial
Qui traverse férocement les tcherkeskas[23]
Certains se servent un peu de vodka

Espérant ainsi tromper le terrible froid
D'autres évoquent de confortables endroits
À mi-voix : leur lointaine isba, une auberge…

Moi, je pense à la fée qui attend mon retour
Au bord du Lac Ladoga. Alors me submergent
D'ardentes et chaleureuses bouffées d'amour.

Retrouvailles

Le commandant m'accorda une permission
Je retournai en ville sans la prévenir
De ma venue. J'imaginais avec plaisir
Sa surprise à l'annonce de ma promotion

Je courus chez elle avec un bouquet de fleurs
Elle passerait la journée au bord du lac
Me dit un valet. J'y courus. Pendant des heures,
Je la cherchai en vain. Je vis enfin un hamac

Sur lequel étaient déposés des vêtements
Féminins. Le lieu, irrésistiblement,
M'attirait. Un bruit, dans l'eau, se fit entendre

---

[23] Tenue caucasienne, également portée par les cosaques

Sublime ondine anadyomène, ma tendre
Rusalka, sur la berge, divinement belle,
Me pressait de venir me baigner avec elle.

Le Lac Ladoga (1)

Du haut de la tour de guet de la forteresse
Je me languissais des rives enchanteresses
Du lac Ladoga, de son onde scintillante
Reflétant notre amour. Mais le temps de l'attente

Est enfin révolu. Unis sur cette barque,
Goûtant la cadence régulière des rames
Envoûtés par les vers que le soleil déclame
Nous succombons aux traits délicieux de l'arc

De Cupidon. Enfin s'accomplit notre rêve
Tel Adam au réveil s'extasiant devant Ève
Je te contemple, radieuse sous ton ombrelle

En fleurs. Ton cou si fin, ton si joli sourire
Tes lèvres aimables… Et mon cœur chavire
De te serrer entre mes bras, bien réelle.

Le Lac Ladoga (2)

Au milieu du lac, dans la barque immobile
J'oublie les Moires[24] qui méthodiquement filent
Tant il est tendre et charmant de sentir ton corps

---

[24] Moires ou Parques, trois sœurs dévidant la bobine symbolisant la vie de chaque homme

Contre mon corps, murmurer de suaves accords

Je m'amuse à défaire ton précieux chignon
Tu frémis quand je caresse tes cheveux noirs
Bien plus doucement que ton peigne d'ivoire
Tu portes à mes lèvres tes doigts si mignons

Notre étreinte silencieuse se prolonge
Paisible, limpide, dénuée de mensonge
Ornée de regards et de sourires complices

Dont je rêvais, en faction sur le donjon
Alors, électrisés d'amour, nous échangeons
De savoureux baisers pareils à du réglisse.

Journées d'été

Nous passions ces journées d'été au bord du lac
Le matin, je venais te chercher en landau[25]
Tu montais à bord et découvrais ton cadeau
Du jour que tu rangeais ensuite dans ton sac

Nous nous asseyions à l'ombre d'un vieux saule
Au bord de l'eau. Tout en caressant tes épaules
Que dévoilaient tes sublimes robes à fleurs
Je te disais des mots d'une infinie douceur

T'appelant belle ondine, adorable sirène,
Enchanteresse fée, jolie rusalka, lys
Immaculé du paradis, nouvelle Hélène

---
[25] Voiture hippomobile qui doit son nom à la ville allemande de Landau, où elle fut inventée

Car Vénus m'avait comblé autant que Pâris[26]
Tu enlaçais mon cou. Entre deux longs baisers,
Je te suppliais à mi-voix de m'épouser.

Hypnose

Elle s'assied sur le sol, adossée au tronc
Je m'étends, pose la tête sur ses genoux,
Ferme les yeux ; d'émotion, ma gorge se noue
Je sens sa main menue se poser sur mon front

Son subtil parfum captivant m'envelopper
J'entends sa voix murmurer une mélopée
En langue extatique, hymne des temps éteints
Alors, je vois les héros d'antan, leur destin

Dont le souvenir, disparu de la mémoire
Des hommes subsistent dans de vieux grimoires
Je vois des scènes de combat, de deuil, de liesse…

Dans ce flot d'images de l'Âge des Ancêtres
Souvent, j'ai la grande joie de te reconnaître
Enchanteresse, pareille à une déesse.

Demande en mariage

Les preux chevaliers s'affrontent dans la lice
Parant, esquivant, frappant d'estoc et de taille

---

[26] Prince troyen qui obtint d'Aphrodite l'amour d'Hélène, ce qui conduisit à la guerre de Troie

Chacun tâche de s'illustrer dans la bataille
Espérant qu'à l'issue du tournoi, tu lui glisses

Un discret billet doux en lui remettant son prix
Car de toi tous ces vaillants guerriers sont épris :
Jamais on ne vit si avenante suivante
À la conversation si fine et si savante

Chacun te courtise, tente de gagner ton cœur
Par des prouesses guerrières, des vers, des fleurs
Des précieux cadeaux exotiques. En vain
Aucun ne partagera la coupe de vin

Conjugale avec toi. Des siècles durant,
Tu n'accepteras aucun de tes soupirants
Consentiras-tu, par un doux et pieux hymen
À lier à jamais ta destinée à la mienne ?

Portraits

Aux plus grands artistes j'ai commissionné
Maints portraits qui, à présent, ornent chaque mur
Sur eux, je pose mon regard passionné
Pour te contempler dans les diverses parures

Qu'au cours des siècles, gracieuse et légère,
Tu revêtis. Douce et délicate bergère,
Force demandes tu reçus de chevaliers
Mais jamais tu ne consentis à te lier

De bien des princes tu suscitas les soupirs
Fiévreux, mais ils se firent tous éconduire
Charmante et adorable fée, au cours des âges

Tu repoussas nombre d'illustres personnages
Comment osé-je alors, insignifiant mortel,
Espérer marcher à tes côtés vers l'autel ?

Galatée[27]

À l'occasion de la grande festivité
Je m'en retournerai sur l'île d'Aphrodite
Accomplir avec foi et dévotion les rites
Prescrits afin d'honorer la divinité

Je lui consacrerai la plus belle génisse,
Offrirai maints parfums et encens à l'autel,
Longuement, comme le fit jadis le fidèle
Pygmalion, jusqu'à ce que mon cœur bondisse

D'allégresse au message triple de la flamme
Je comprendrai que Cypris me donne pour femme
La nymphe du lac Ladoga aux mille attraits

Aux paupières topaze, aux purs bras ivoire
Aux lèvres escarboucle[28], aux enchanteurs yeux noirs,
Que chaque jour, ému, je contemple en portrait.

---

[27] Nom que Pygmalion donna à la statue dont il tomba amoureux
[28] Ancien nom donné au rubis

Récréant[29]

Si je t'avais connue au temps du roi Arthur,
J'aurais certainement abandonné la lice,
Ses furieuses joutes, les virils exercices
Guerriers pour savourer un bonheur azur

À tes côtés. Certes, j'aurais été honni
Tel Érec qui, follement amoureux d'Énide
À sa passion n'imposait aucune bride
Se faisant récréant. Mais les moments bénis

Goûtés seul à seul dans un manoir reculé
M'auraient amplement comblé. Nullement troublé,
J'aurais même dédaigné la quête du Graal

Lui préférant la douceur de tes bras, l'ivresse
De tes ardents baisers, le feu de tes caresses,
Car à mes yeux tu es un trésor sans égal.

La Dame du Lac

J'étais le plus grand magicien des deux Bretagne
Maîtrisant la science sacrée des druides
De tous les devins, tenus pour le plus lucide
Capable par mon art de fendre les montagnes

De faire jaillir la source dans le désert
De converser avec les animaux sauvages
De me changer dans les êtres les plus divers

---

[29] Se disait du chevalier renonçant à lutter, entre autre par lâcheté

De susciter d'effroyables ravages

Mais j'ai succombé à un puissant sortilège
Sur les rives d'un lac russe. Drapée de neige,
La jolie Katia m'y retient prisonnier

Sans user de magie, par sa seule beauté
Féerique. Subjugué, j'ai même renié
La table du roi où je siégeais, respecté.

Voyage (1)

Je ne sais pas nager. Pourtant, je la suivis
Jusqu'à perdre pied sans craindre pour ma vie
Vers ces mystérieuses profondeurs du lac
Où le soleil se tait et l'eau devient opaque

Comment respirai-je durant cette descente
Fantastique ? Je l'ignore. Je me rappelle
Seulement du contact de sa main rassurante
Qui me conduisait vers un monde parallèle

Dans un divin palais de glace et de lumière
Que n'eût pu imaginer ce roi de Bavière[30]
Dans ces plus fous rêves. Je l'avais visité

Bien des fois en songe. C'est là qu'avec plaisir
Chaque nuit, je la retrouvais. Pour l'éternité
Y rester, tel était mon unique désir.

---

[30] Il s'agit de Louis II de Bavière (1845-1886)

Dîner

Je n'entendais pas l'invisible quatuor
De cordes qui interprétait une musique
Baroque. Je ne voyais pas les lustres d'or
Qui resplendissaient dans le palais aquatique

Je ne goûtais pas le délicieux champagne
Qui pétillait dans l'élégant verre de cristal
Je mangeais à peine le fabuleux régal
Je ne quittais pas des yeux ma douce compagne

Tant j'étais subjugué. Sa robe rouge alliée
À un modeste mais raffiné collier
De perles blanches, qui soulignait la finesse

De son cou, sa chevelure arrangée en tresses
Expertes, le moindre détail de sa toilette
Rendaient magique ce dîner en tête à tête.

Cendrillon

Nous nous séparâmes. Elle devait gagner
Un conclave de fées sur l'île de Valaam[31]
Mélancolique, je regardais s'éloigner
Le noble drakkar qui l'emmenait. J'avais l'âme

Endeuillée et meurtrie par ce soudain départ
Je restai silencieux sur la rive, immobile
Sans but précis, hésitant à rentrer en ville

---

[31] Île située non loin de Saint Pétersbourg où est situé un très célèbre monastère orthodoxe

Je remarquai alors, par un heureux hasard

La délicate empreinte de ses pieds nus
Dans le sable, des pieds délicieux, menus
Féminins. Jamais je n'avais réalisé

Combien ils étaient beaux et charmants. De baisers,
Ardents, je les couvrirai à la primevère
Puis je leur enfilerai des souliers de verre[32].

Mariage elfique

Elle me conduisit vers une région
Reculée de la forêt, dans une clairière
Une prêtresse de l'antique religion
Nous reçut à l'ombre d'un arbre centenaire

À ma bien-aimée, elle remit un poignard
Elle m'entailla la main. Le sang s'écoula
Dans un calice d'or ciselé avec art
Ma belle nymphe me tendit le coutelas

Je compris aussitôt. J'allais mêler son sang
Au mien. Je saisis l'arme, un rien réticent
À meurtrir cette main que j'aimais tant baiser

Je m'exécutai, cela me parut aisé
L'officiant nous bénit, le vase de grand prix
Fut scellé : je devenais ainsi son mari.

---

[32] Et non « de vair »

Les Alliances

J'avais sûrement visité ces derniers jours
Toutes les bijouteries de Saint-Pétersbourg
En quête d'une charmante paire d'alliances
Pour nos fiançailles. Mais ces réjouissances

Suite auxquelles je rejoindrais la citadelle
Pour mon dernier séjour dans le pays rebelle
Méritaient des anneaux uniques, très précieux
Dignes de la ravissante fille des cieux

Qu'à mon retour du fort, j'épouserais enfin[33]
Je les trouvai par hasard chez un antiquaire
Je n'hésitai pas, émerveillé par le fin
Travail de l'or qui occultait quelque mystère

Ma fiancée ne put dissimuler sa surprise
Quand fut glissée l'alliance au doigt de sa main
Droite. Elle m'expliqua, au sortir de l'église
Que ces anneaux étaient l'œuvre d'orfèvres nains.

Départ

Un strident coup de sifflet retentit dans l'air
Un dernier baiser et je gagnai le wagon

---

[33] Dans le rite byzantin, le mariage religieux comporte en fait deux offices distincts : les fiançailles, marquées par l'échange des alliances puis le mariage, marqué par le couronnement. Ces deux offices sont usuellement célébrés consécutivement mais peuvent être également espacés dans le temps

Qui me ramènerait à la vie militaire
Pour un deuxième séjour au fort, le plus long

Sans nul doute : nous devions dès mon retour
Nous rendre à l'église et y être couronnés
L'idée que bientôt, avant la fin de l'année
Nous nous retrouverions à Saint-Pétersbourg

Apaisait la douleur de la séparation
Rendant même presque agréables les missions
Routinières de la morne citadelle

Chaque sonnerie de clairon me rapprochait
De l'heure magique où j'épouserais la belle
Nymphe qui m'avait fait découvrir l'amour vrai.

Miniature

Autour du cou, je porte sans jamais l'ôter
Ton dernier cadeau : une miniature
Écrite sur de l'ivoire, cerclée d'or pur
Témoignage de ton indicible beauté

Je contemple subjugué tes lèvres vermeilles
Ta délicate main, ton bienveillant regard
Ton teint printanier que sublime le fard
Ces charmes qui chaque nuit peuplent mon sommeil

De baisers fougueux à l'incomparable ardeur
De tendres caresses à l'infinie douceur
De force plaisirs, hélas, encore oniriques

Mais la mèche de cheveux, précieuse relique

Que tu as glissée sous ton portrait est le gage
Qu'à présent, enfin, tu consens au mariage.

La Fille de Vénus

Quand je repense à ces moments hélas trop courts
Passés ensemble cet été au bord de l'eau,
Je m'interroge : Qui es-tu, mon tendre amour ?
Tu me rappelles tant la Vénus de Milo

Celle de Capoue et bien des marbres antiques
De la mère d'Éros. Tous ces ravissants cygnes
Qui t'entourent sont pour moi l'indéniable signe
De ton olympienne ascendance. Extatique,

Je perçois maintenant ta divine origine :
Tu n'es pas seulement une charmante ondine
Car, parmi les nymphes, jamais n'a existé

Si mystérieuse et enchanteresse beauté :
Pour aïeule, tu as la splendide Cypris[34]
Pour père, certainement, le bel Adonis.

Didon

Si, en abordant avec Énée, ces rivages
Africains accueillants, je t'avais rencontrée,
Je n'aurais plus jamais quitté cette contrée,
M'établissant à tes côtés près de Carthage

---
[34] Autre nom d'Aphrodite, qui rappelle que l'île de Chypre est consacrée à la déesse

Dans ta charmante villa au bord de la mer
De là, nous aurions vu s'éloigner les galères
Des rescapés d'Ilion[35] voguant vers l'Italie,
La lumière annonçant le drame dans le lit

Conjugal transformé en bien triste mausolée
Iris[36] libérant la triste âme désolée
Ne crains pas de connaître le sort de Didon

Adorable nymphe ! Je ne te quitterai
Jamais, jolie fille de Vénus. Cupidon
A uni nos destinées de son puissant trait.

Agonie

Le Prince avait raison. Une indomptable cascade
Emportait mon existence dans le vacarme
De ses flots rageurs qui couvraient le bruit des armes
Sans cesse grandissant. Les guerriers nomades

Avançaient. Je tentai de gagner ma retraite
Au bord du Lac, là où, pour notre anniversaire
Trois cents naïades avaient dansé sur un air
D'avant-garde. La musique est morte. Ses squelettes

Se sont tus, las d'implorer vainement le ciel

---

[35] Autre nom de la ville de Troie, dont les rescapés firent une escale à Carthage. Didon, reine de la ville, s'éprit d'Énée puis se suicida de désespoir à son départ
[36] Déesse grecque, messagère d'Héra, qui reçut l'âme de Didon

De blanches silhouettes vêtues de suaires
En haillons, réunies en un sabbat, confèrent

À mon sujet, puis, débutent une ronde rebelle
Qui m'entoure et se rapproche en ce long supplice
Interminable et douloureux cher aux Willis[37].

Visite nocturne

La nuit, la porte de l'infirmerie s'ouvrit
À travers mes faibles paupières flétries,
Je devinai la lumière d'une bougie :
« Le docteur vient changer mes bandages rougis »

Ses pas se dirigèrent vers moi ; une main
Se posa sur mon front, ce n'était point la sienne
Mais une main souvent tenue sur le chemin
Conduisant au Lac. J'ouvris les yeux à grand-peine

J'aperçus, baigné de larmes, son doux visage
Compatissant penché sur moi : « Je vais mourir »
Pensai-je, « C'est le stade ultime du délire !
Elle n'a pu accomplir un si long voyage !

C'est impossible, je dois rêver ». Et pourtant,
Je reconnus jusqu'à son envoûtant parfum
Tant de fois humé lors des jeux, hélas défunts
Qui enchantaient nos heures au bord de l'étang.

---

[37] Prononcer « ouillisse » : créatures féminines maléfiques

Voyage (2)

Je gémissais à chaque secousse. Couché
À l'arrière d'une véloce troïka,
Réconforté dans les bras de ma rusalka
Qui régulièrement haranguait le cocher,

Je me sentais mourir. Je m'étais assagi
Sous l'effet de ses enchantements
Mais le mal progressait inexorablement
Elle devait recourir à une magie

Puissante. Au bord du lac, mouillait un drakkar
Des mains inconnues m'y menèrent en brancard
Aussitôt, l'antique navire leva l'ancre

Elle resta à mon chevet et poursuivit
Ses charmes destinés à me garder en vie
Mais vers où voguions-nous par cette nuit d'encre ?

Combat

Afin de sauver son fiancé de la mort
Elle allait autour du mégalithe d'un pas
Subtil, revêtue de cette robe lilas
Tant redoutée de la fée qui maudit Aurore[38]

Dans sa délicate chorégraphie guerrière,
Elle répétait en silence les paroles
Secrètes qui rendaient vaine la rage folle

---

[38] Il s'agit de la fée Carabosse, Aurore étant la Belle au bois dormant

Des Willis. Avant que les cloches du monastère

N'annonçassent l'aube, les troupes de Myrtha[39]
Avaient fui, défaites, pourfendues par ses gestes
Sereins mais impérieux. Elle se porta

À nouveau au chevet de son fiancé. La peste[40]
Refluait lentement… Les parques assassines
Accepteraient-elles d'épargner la bobine ?

Les Quatre Fées

Il est sur le lac Ladoga, près de Valaam
Une île où les fées établirent leur domaine
Dans les temps anciens, y érigeant maints dolmens
C'est en ce lieu que, vers minuit, nous abordâmes

Quatre fées d'une rare beauté m'entourèrent
Elles ordonnèrent de poser ma civière
Sur un vénérable mégalithe en granit
Puis, sans tarder, elles débutèrent le rite

Un hibou se tut pour écouter les cantiques
Mélodieux qu'elles entonnaient en langue elfique…
Je me réveillai couché dans un lit. La lune

Éclairait timidement la chambre. Ma brune
Ondine me murmurait des mots doux, lovée
Contre moi. Je devinai que j'étais sauvé.

---

[39] Myrtha est la reine des Willis
[40] Le mal

Nuit de noces

Cette nuit, enfin, ma bouche avide et fébrile
Franchit ses lèvres, ses mains et son cou gracile,
Explorant avidement son corps, découvrant
En chaque point une fontaine d'enivrants

Délices qui jaillissaient impétueusement
Souvent, au bord du lac, lors de tendres moments
Je l'enlaçais : je devinais sous la soie fluide
De ses robes, une adorable peau candide

Délicieusement parfumée dont le contact
À présent m'enflammait. Elle s'offrait à moi :
Cet instant, je l'attendais depuis de longs mois
Je découvris un sein chaleureux et intact

Qui m'accueillit avec passion. J'eus l'oreille
Charmée par un mélodieux concert de soupirs,
De mots doux, de délicieux cris de plaisirs,
Qui ne s'achevèrent qu'au lever du soleil.

Voyage (3)

Nous débuterons notre voyage de noces
Avec une escale ensoleillée à Paphos[41],
Là où tu naquis. Puis, nous irons en Asie
Face à ces vieux temples, nous serons saisis

D'émotion, notamment devant le sanctuaire
D'Aphrodite, un lieu secret dans les méandres

---

[41] Ville de Chypre

De la jungle indienne. Un soldat d'Alexandre
Le consacra à la déesse de Cythère[42]

Une fois son empereur victorieux des Perses
On y accède par une imposante herse
Qui ne s'ouvre qu'aux détenteurs des mots magiques

C'est là qu'est conservé le pur et authentique
Art indien de l'amour. Tu me l'enseigneras
En me serrant passionnément entre tes bras.

Gente Katya

Il est, sur la radieuse île d'Aphrodite[43],
Un lac qui fut témoin des amours illicites
De la belle déesse et du dieu Arès
De leurs caresses, de leurs folles nuits d'ivresse

Depuis, des pèlerins s'y pressent au solstice
Tenant un narcisse jaune qu'ils y déposent
Puis ils regardent leur reflet dans l'eau, sans pause
Jusqu'à ce que leur image s'évanouisse

Se brouille. Alors, dans cette eau limpide et saine,
Aphrodite leur montre leur futur hymen,
Le portrait de celle qui charmera leur cœur

Ainsi, tu m'apparus, plus belle que le lys
Gente Katya : je pensais contempler Cypris

---

[42] Il s'agit d'Aphrodite, dont la naissance eut lieu au large de cette île grecque
[43] L'île de Chypre

Même aujourd'hui un sérieux doute m'effleure.

Printemps

Nous longions le lac en une promenade
Hivernale, avec peine, avançant dans la neige
Au loin, un oiseau chantait d'amoureux arpèges
Romantique, j'enlaçais ma belle naïade

Elle avait en main une baguette d'érable
Elle m'en toucha le front. Je fus pris de sommeil
Quand je revins à moi, le printemps, agréable,
Revêtait ses festifs ornements. Les abeilles

Dans l'herbe butinent les premiers narcisses,
Les marronniers offrent timidement leurs feuilles
Aux rayons du soleil. Les écureuils se glissent

Avec souplesse entre les branches. Ils y cueillent
De jeunes fruits. Pieds nus, en robe fleurie
Cheveux et ceinture défaits, tu me souris.

La Flèche perdue

L'Amour[44] ne s'était jamais autant dépêché
Depuis que chaque nuit, il rejoignait Psyché[45].
Dans son vol hâtif, il fit tomber du carquois,
Au crépuscule, sa flèche. Il resta coi

---

[44] Cupidon
[45] Maîtresse, puis femme de Cupidon

En constatant, au matin, la terrible perte
Puis bien vite s'envola dans les cieux
Scrutant le sol en quête du dard précieux
Avec méticulosité, l'œil en alerte

Rapidement, il retrouva son trait flottant
Sur un lac ; il y était resté peu de temps
Mais avait pourtant transmis à l'eau son pouvoir

Il fut aperçu par une ondine à la noire
Chevelure. Elle puisa un peu de cette eau
En espérant de tout cœur s'en servir bientôt.

Le Jardin

Le Jardin de Micòl (1)

Souvent, lors de ma promenade à bicyclette,
Au soir, je longe une imposante palissade
En quête d'une mélodie de jazz désuète
Œuvre de Tommy Dorsey[46] un rien maussade

Je devine alors qu'au-delà de la muraille
Ils s'abandonnent à une douce langueur
Savourant de vieux disques et quelques liqueurs,
De la journée, se racontant tous les détails :

Les parties âpres et enflammées de tennis,
Les jeux de cache-cache qui ne se finissent
Que fort tard tant ce jardin est vaste et immense,

Peuplé d'essences exotiques les plus rares,
Le plus riche et le plus somptueux de Ferrare,
Sublime écrin d'un palais de la Renaissance.

Le Jardin de Micòl (2)

Parfois, je m'enhardis à grimper sur le mur
Pour épier la joyeuse société
Qui se divertit jusqu'à la satiété

---

[46] Jazzman américain (1905-1956), une des grandes figures de l'ère du swing. La mélodie en question est *I'm getting sentimental over you.*

Se délectant des exquis fruits juteux et mûrs

Du jardin. J'aperçois la charmante Micòl,
Grande, blonde et imprévisible, se mouvoir
Sur le court dans sa robe blanche. L'envie folle
Me prend de lui hurler ma rage et mon désespoir

Quand m'inviteras-tu dans ton jardin d'Éden ?
Insensible à mon affliction et à ma peine,
Chérubin à la lame de feu, tu ignores

Mes lamentations et m'exclut de ton jardin
Rejetant mes supplications avec dédain
Alors, nouvel Adam, je gémis sur mon sort.

Le Jardin de Katya

J'imaginais ma tombe couverte de mousse
Quand on m'adressa une lettre singulière,
Non signée, me conviant à la *magna domus*[47]
Le ciel avait exaucé mes piètres prières !

Je me souviens franchissant la lourde porte,
Pédalant tout tremblant vers le court de tennis
Craignant de faiblir tant l'émotion était grande
De me retrouver devant ma bienfaitrice

Je la découvris à l'ombre d'un marronnier
Ce n'était point Micòl ! Mais une fille brune
Charmante, et seule qui me tendit une prune
J'en fus aussitôt épris, je ne puis le nier

---

[47] « La grande maison » en latin

Je goûtai le fruit et n'eut plus qu'un seul désir :
Dans les allées du jardin, me laisser conduire
Par la main de Katya ; vivre un rêve éveillé
Auprès d'elle, indéfiniment, émerveillé.

Le Puits de Jacob

Elle me saisit la main, m'ayant bandé les yeux
Puis me guida à travers le vert labyrinthe
Son étreinte sereine annulait toute crainte
Nous parvînmes à la grotte de ses aïeux

Où jadis le dieu Pan fit jaillir du rocher
Une eau qui apaisa leurs âmes desséchées
Ils n'eurent cesse depuis d'orner la caverne
Au sol, des pierres aux mille couleurs alternent

Avec science. Les coquillages de la voûte
Célèbrent les exploits marins de cette race
Qui vainquit les sirènes au chant qui envoûte

Elle m'offrit de cette eau pure dans une tasse
Ôta mon bandeau, se para de l'anneau d'or
À ses côtés, depuis, chaque nuit, je m'endors.

Cligès et Fénice

Avec Katya, dans la retraite où je demeure,
Le monde n'est plus qu'une lointaine rumeur
Qui jamais n'escalade le rempart des Anges,
Un tendre murmure étouffé, discret, étrange

Qui n'atteint guère la chambre de nos amours,
Où, entre les murs ornés de scènes galantes,
Nous ne trouvons le sommeil qu'au lever du jour
Car de nuit, avec une gourmandise lente,

Nous croquons les poires exquises de l'hymen
Dans l'après-midi, nous parcourons le verger
Alors, invariablement, nos pas nous mènent

Sous un arbre fruitier. Le temps semble abrogé
Et nue à nu, nous nous étendons dans la mousse
Pour savourer ses fruits à la liqueur si douce.

Phénix

Je t'étreins au matin, assoupie sur la couche
Je cueille les délicieux fruits de ta bouche
Encore plus savoureux que le premier jour
Où tu m'initias aux secrets de l'amour

Et me ranimas à l'eau pure de ton puits
Tu m'ouvrais alors les portes de ton jardin
Brisais les chaînes de mon enfer citadin
Je n'ai jamais songé à te quitter depuis,

À retourner dans le monde si gris, si rustre
Quand bien même les mois, les années, les lustres,
Je ne gémis ni d'ennui ni de lassitude

Car chaque matin, au réveil, quand je t'effleure,
Renaît le tendre sentiment de plénitude
Qui m'embrase à nouveau d'une indicible ardeur.

Colombes

Nous relâchâmes en sortant de la chapelle
Où nous venions de célébrer notre mariage
Deux oiseaux de Vénus qui portèrent au ciel
Nos vœux d'une union qui défierait les âges

Les colombes disparurent mais quelques jours
Plus tard, elles vinrent nicher sur le balcon
De la chambre. Leur vie nous enseigne l'amour
Conjugal, ses vertus, le dévouement fécond

Ces mots tendres qu'on roucoule chaque matin
Quand s'éteint le tourbillon des draps de satin
L'absolue et infaillible fidélité

Le calme d'une vie sans rixe ni injure
La douceur dont on couve sa progéniture.
Nous avons là un beau modèle à imiter

À l'ombre du peuplier

Qu'il est doux quand revient la belle saison
De s'étendre nu à nue sous le peuplier
Caché aux confins du jardin, sans déplier
Le drap moelleux tant est onctueux le gazon

En cette retraite où chaque jour tu construis
De nouveaux jeux galants. Tu me nourris de fruits
Juteux que tes baisers ont déjà effleurés
De jonquilles fraîchement cueillies dans le pré

J'honore ta noire chevelure. Tu m'offres

Un à un les trésors que recèlent tes coffres
Inépuisables. Tendre beauté callipyge[48],

Tu te presses contre moi mais bientôt te figes,
Pétrifiée par le déferlement des spasmes
Délicieux et je m'unis à ton enthousiasme.

Premier mars

Les plantes du sous-bois décimées par l'hiver
Se calfeutraient encore prudemment sous terre
Rendant aisément praticables les sentiers
Du bosquet. Les arbres suscitaient la pitié

Avec leurs branches martyrisées par le froid
Cependant, en dépit du timide soleil,
On devinait sans peine l'imminent réveil
Du printemps. Quelques arbres, en certains endroits

Ne redoutaient guère les gelées matinales
Arborant de joyeuses fleurs. Le récital
S'ouvrait : chaque plante, en parfaite virtuose

Exécutait à merveille sa partition
J'attendais avec une indicible émotion
Qu'au divin concert se joigne le chœur des roses.

---

[48] Aux belles fesses

Les Roses

Dès que j'entrai dans ce jardin, voici trois ans
Je ne cessai de travailler tel un paysan
Bêchant, émondant, irriguant la roseraie
Pour la restaurer dans son premier attrait

Telle qu'elle apparaît sur le tableau du salon
Hélas, pendant des lustres, on l'a négligée
Ignorée, et par endroits même saccagée
Cependant, en dépit de cet oubli trop long

Elle donnait encore de superbes fleurs
Cette année, après des saisons de dur labeur
Elle surpassait même sa splendeur d'antan

J'étais parvenu à créer une nouvelle
Variété de roses que je dédiai à celle
Qui avait fait de ma vie un joyeux printemps.

L'Escarpolette

Tu te revêts de feuilles de marronniers
Puis me rejoins pour une nouvelle poussée
Qui te propulse vers un envol printanier
Dans le doux froufrou de ta robe retroussée

Gracieusement, tes pieds chaussés de ballerines
Blanches hèlent les oiseaux à chaque passage
Les statues du parc à l'accoutumée si sages,
Si sobres s'amusent de ta gaieté marine

Le vieux saule pleureur à l'humeur bougonne

S'attendrit devant ton hilarité mignonne
Je me surprends à aimer ce jeu enfantin

Qu'il est amusant de mouvoir l'escarpolette
Quand vous y contemplez la tendre silhouette
De la Vénus dont vous a comblé le destin !

Baignade

Elle se baignait seule dans le grand bassin
Attendant qu'il achevât son travail secret
Qui l'occupait certains jours dans la roseraie
De gros poissons joueurs vinrent effleurer ses seins

Elle tenta de saisir le plus polisson
Mais il se déroba dans un éclat de rire
Qui galvanisa ses délurés compagnons
Ils s'acharnèrent contre elle, gentils satyres

Malicieux qui la taquinaient de toute part
Elle tentait de se venger par une pêche
Infructueuse qu'elle cessa quand la bêche

Se tut. Elle abandonna le jeu sans retard
Courut comme si avait sonné la simandre[49]
Vers le peuplier, là où l'herbe était si tendre.

---

[49] Sorte d'instrument qui annonce le début des offices dans les monastères orthodoxes

Douce Kitty

Elle sortait délicatement du sommeil
Aussitôt, elle remarqua une senteur
Nouvelle dans leur chambre. La faible lueur
Lui permit de distinguer la rose vermeille

Dans un superbe vase posé sur sa table
De chevet. Il en émanait un agréable
Parfum. Elle ouvrit les volets. À la clarté
Du jour elle découvrit une variété

Qui lui était inconnue. Les soyeux pétales
Rouge sang répondaient à la tige vert pâle
Un précieux bijou divinement serti

De rubis ne l'eût pas enchantée davantage
Émue comme au jour de la demande en mariage
Elle contemplait la rose « Douce Kitty ».

Hiver

Je contemple, clos, depuis la vitre morose
La neige qui, sans discontinuer, se dépose,
Avant de regagner ma place près de l'âtre
Regrettant la belle saison où l'on folâtre

Insouciant, dans le jardin exubérant,
Tels d'heureux enfants échappés à leurs parents
Riant des évolutions de la balançoire
Savourant figues, prunes, abricots et poires

Tu m'arraches à cette humeur triste et rêveuse

Quand, épanouie, tu me rejoins dans la causeuse[50]
Je me réjouis tant de t'avoir pour compagne

Dès le premier baiser sur ton cou parfumé
M'enveloppent les senteurs que j'aime à humer
Alors, une douceur printanière nous gagne.

Jardin de mars

Un papillon de nuit en tournoyant gaiement
Autour des chandelles confirma l'arrivée
Du printemps. Il augurait de radieux moments
Dont, depuis fort longtemps, nous étions privés

Tout le jardin confirmait ce joyeux présage
Un marronnier, devançant ses congénères
Montrait ses feuilles au soleil timide et sage
Quelques fleurs violettes avaient surgi de terre

Certains arbustes avaient déjà revêtu
Leurs tenues de gala. Le jardin s'était tu
Des mois durant, il élevait un doux murmure

À présent, annonciateur d'une symphonie
Magnifique digne de *Paul et Virginie*[51]
Dont, justement, nous achevions la lecture.

---

[50] Petit canapé pour deux personnes
[51] Roman de Bernardin de Saint-Pierre

Jardin d'avril

Nous passions la matinée étendus dans l'herbe
Verte et luxuriante constellée de superbes
Marguerites. Les baisers qu'amoureusement
Nous goûtions dans l'inoffensif bourdonnement

Des abeilles avaient la saveur du miel
Quand le soleil déployait toute son ardeur
Nous nous réfugions sous les marronniers en fleur
Qui, en cette saison, élevaient vers le ciel

Leurs petites pyramides immaculées
Tachetées de jaune. Les secrètes allées
Du jardin nous faisaient découvrir chaque jour

Des lieux d'enchantement sous la frondaison
Au crépuscule, nous regagnions la maison
Main dans la main, ivres de bonheur et d'amour.

Le Banc

Après une marche fatigante, au détour
D'un sentier inconnu, nous rencontrons toujours
Un banc, certes vieux mais néanmoins confortable
Tout se déroule selon un rite immuable

J'enlace ta fine taille et te fais asseoir
Sur mes genoux. Il arrive que jusqu'au soir
Nous demeurions ainsi, enchantés, aux anges
Indifférents au chant mélodieux des mésanges

Aux folles courses des écureuils dans les branches

Tant il est doux de poser les mains sur tes hanches
D'effleurer de baisers tes bras et tes épaules

Nus, d'avoir nos lèvres attirées tels des pôles
Opposés, de savourer ton étreinte autour
De mon cou, de se murmurer des mots d'amour.

Pluie de fleurs

Le jardin célébrait le triomphe du printemps
Par une pluie de fleurs. Les arbres exultant
D'allégresse lançaient des poignées de pétales
Magnifiques, odorants cotillons d'un bal

Qui débutait. Ils semblaient guetter ton passage
Que les oiseaux signalaient par un gai ramage
Pour t'offrir leurs cadeaux qui délicatement
Se posaient sur ta peau. D'un nouveau vêtement

Chaque jour tu étais parée. Les couturiers
Les plus brillants n'auraient pu s'empêcher de crier
D'admiration en te découvrant comblée

Des infinies bontés de la déesse Flore
Qui généreusement sur toi faisait éclore
Des tuniques d'une beauté inégalée.

Baucis et Philémon (1)

Le banquier pisan féru de mythologie
Qui fit bâtir ce palais pour s'y retirer
Dans la quiétude avec son épouse adorée

Organisa une expédition en Phrygie

À la recherche de Baucis et Philémon[52]
Il conte dans ses mémoires qu'un manuscrit
Ancien caché dans un monastère du Mont
Athos[53] prouvait la véracité des écrits

Ovidiens, indiquant même l'emplacement
Des arbres. Il partit pour l'Empire ottoman
Trouvant facilement le tilleul et le chêne

Selon l'usage établi, en guise d'offrandes
Il y suspendit de magnifiques guirlandes
Puis, de chaque arbre, pieusement, prit une graine.

La Cabane

L'été est pluvieux. Les violentes averses
Fustigent le jardin. Lorsque l'onde transperce
La feuillée, abri vain contre pareil déluge
Nous courons à la cabane, plus sûr refuge

Où nous attendons que s'achève la tourmente
Nous l'avions fort joliment aménagée
L'été dernier ; un phonographe très âgé
Diffuse du jazz des années trente et quarante

---

[52] Baucis et Philémon accueillirent Zeus et Hermès, sous l'aspect de simples vagabonds. En récompense, les dieux leur accordèrent de mourir ensemble : l'un fut changé en chêne, l'autre en tilleul
[53] Péninsule grecque où sont établis de nombreux monastères orthodoxes

Que nous savourons, assis dans le canapé
En dégustant un vieux whisky. Enveloppés
Dans les voix romantiques de Jack Leonard

D'Edythe Wright[54] et de tant d'autres, nous dansons
Amoureusement en fredonnant ces chansons
Aux paroles coulant tel un divin nectar.

Baucis et Philémon (2)

La journée nous comblait d'un ciel radieux
Qui nous avait fuis durant toutes ces semaines
De pluies estivales. Nous allions sous les chênes
Subitement, le soleil fit ses adieux

Un furieux orage éclata. Nous étions pris
De court, trop éloignés de notre usuel abri
Pour le regagner sous pareille violence
Désemparés, nous demeurions là. Par chance,

Deux augustes arbres formaient une toiture
Imposante, contre les flots, protection sûre
Plantés côte à côte, leurs branches se mêlaient

Il y avait là un chêne et un peuplier, reflet
Du très vénérable couple d'Asie Mineure,
Qui, aux lois de l'hospitalité, fit honneur.

---

[54] Jack Leonard (1914-1988) et Edythe Wright (1914-1965) s'illustrèrent tous deux comme chanteurs au sein du big band de Tommy Dorsey

Jardin de juillet

Les capricieux vents de l'automne dernier
Avaient porté dans le jardin en abondance
De nouvelles graines qui, dès que vint l'été
Se manifestèrent, composant une dense

Population de fleurs des champs et d'épis
De blé qui se distinguaient dans le beau tapis
Écarlate formé par les coquelicots
Le pré en était couvert. Au matin, l'écho

De ces fleurs sauvages emplissait la maison
Nous invitant à profiter de la saison
Comme il était ravissant de voir onduler

Au vent luzerne et anthémis acidulées
En un délicat tableau impressionniste
Que n'eût pu transcrire le plus brillant artiste.

Le Jardin sans fin

En un émouvant et pieux pèlerinage,
Je voulus revoir après toutes ces années
Le portail où véritablement j'étais né
En le passant ce jour-là, j'enterrai les pages

De *Suaves insomnies*, mon premier recueil
De vers. Je cherchai mais ne pus trouver les fleurs
Violettes qui, du jardin, marquaient le seuil
Que je comptais offrir à l'élue de mon cœur

En vain tentai-je d'atteindre le mur des Anges

Par-dessus lequel, jadis, avec un mélange
D'espoir et d'amertume, j'épiais Micòl

Tout avait disparu. Je fus pris d'une folle
Joie : nous coulerions à jamais des jours bénis
Dans le Jardin par l'amour rendu infini.

Le Nymphée[55]

Au matin, empruntant les sentiers oubliés
Du jardin, nous irons en pieux pèlerinage
Visiter la grotte au si charmant habillage
Où, pour l'éternité, nos destins furent liés

Par des couronnes d'herbes et de fleurs tressées
Ensemble la veille. Du temple délaissé,
Jadis dédié au culte mythologique,
Nous admirerons la précieuse mosaïque,

La profusion de coquillages, de coraux
Ravis naguère des plages de Jamaïque
Par les escadres des plus brillants amiraux

Nous entretiendrons notre flamme au cantique
Cristallin du dieu Pan, savourant tour à tour
L'eau née de sa bouche, puissant philtre d'amour.

---

[55] Grotte artificielle ou naturelle, en général avec une fontaine et consacrée aux nymphes

Genèse

Dans tes paumes douces, entre tes doigts graciles
Mon cœur n'est plus qu'une tendre pâte d'argile
Suppliant que tu le modèles à ta guise
Que tu le façonnes de façon exquise

Fais-en une amphore ! Un nectar précieux
En jaillira, élixir des dieux romains
Fais-en des passereaux et frappe dans tes mains,
Ils prendront vie et s'envoleront vers les cieux

Égayer les hauteurs de délicieuses odes,
Louant tes grâces semblables à l'émeraude
Réveille mon cœur de ton souffle créateur

Comble-le d'une éternelle béatitude
En ton mystérieux jardin. Avec gratitude
Il te révélera mille et une douceurs.

Le Boudoir

Sérénade (1)

En ce jour, les amants régalent leurs fiancées
Avec force bouquets, de tendres pensées
Des bijoux bien plus précieux que le Graal.
Je renouerai avec un usage ancestral

J'irai, sous ton balcon, jouer la sérénade
Un air de guitare qui nous vient de Grenade
De ses longues veillées aux plaisirs envoûtants
Bercées par la voix chaleureuse des gitans

J'imiterai les vénérables troubadours
Célébrant ton esprit, ta grâce, tes atours
Espérant que tu accèdes à ma prière :

Une simple fleur lancée du haut de ta fenêtre
De ta main fine et je me sentirai renaître
Elle ne quittera jamais ma boutonnière.

Sérénade (2)

À l'amant qui chante des vers sous son balcon,
La belle octroie quelque récompense : un sourire,
Un ruban, qui de plaisir le fera rougir
Libre et éprise, tu franchis le Rubicon

J'achevais à peine la tendre sérénade
Tu m'offris un fil de soie pour que j'escalade

La façade et t'atteigne sur ton promontoire
Puis tu partis te réfugier dans ton boudoir

Je grimpai, la mandoline en bandoulière
Le regard vers le haut pour voir la lumière
Qui, depuis tes rideaux, aiguisait mon adresse

Je te trouvai, mystérieuse, dans la causeuse,
Vêtue de satin noir. De tes mains précieuses,
Lentement, en souriant, tu défaisais tes tresses.

Lolita

J'entrai dans le boudoir transfiguré en serre
Des milliers de bouquets embaumaient l'atmosphère
Suavement. Elle m'attendait dans l'ottomane[56]
Un coup d'œil suffit à me rendre monomane

En cascade, ses longs cheveux noirs et soyeux
Baignaient ses épaules. Son bikini en fleurs
Exhalait la plus affriolante senteur
De toute la pièce. Un paréo joyeux

Magnifiait sa taille en réponse au foulard
Mutin ceignant son cou. En riant de mon regard
Émerveillé, elle m'invita à m'asseoir

Face à elle. Je m'exécutai, ravi, pris
À l'habile piège de ses minauderies
Qu'elle m'offrirait, espérais-je, soir après soir.

---

[56] Grand siège

Le Premier Jour

Répondant à l'appel vibrant de l'oliphant[57]
Les fées quittent la forêt de Brocéliande
Vont à l'Orient y accomplir mille offrandes,
Combler de mille dons la gracieuse enfant

Qui vient de naître. La belle Viviane
Dès le commencement veille le nourrisson
En compagnie de Mélusine et de Morgane
Elles allient leur science et œuvrent à l'unisson

Les fées rivalisent de générosité
Sous les yeux des parents ravis et enchantés
Pareille profusion, nul ne l'imagina

Pas plus que la visite du sage Merlin
Qui, lui aussi, drapé de son manteau de lin
Se pencha sur le berceau d'Ekaterina.

Bethléem

Ma très charmante Ekaterina, que t'offrir ?
Pas un seul présent n'est véritablement digne
De toi. Les pierres précieuses que j'aligne
Perdent leur éclat, confrontées à ton sourire

Les raffinés alexandrins que te décernent
Les poètes semblent bien fades et ternes
Face à ta beauté gracieuse et ineffable

---

[57] Le cor

Qui surpasse celle des princesses des fables

Alors, pour te dire combien je t'adore
J'imiterai Balthasar, Gaspard et Melchior
À tes pieds, déposerai l'encens, la myrrhe

L'or fin. Toi qui de mon cœur est l'unique reine
Qui de mon être a ôté tout autre désir
Accepte de mon âme le culte pérenne.

Femme fatale

Je n'envie point le roi de la Sublime Porte[58]
Qui vit entouré de concubines accortes[59]
Surveillées par ces noirs esclaves que l'on châtre :
Ravissantes circassiennes au corps d'albâtre

Belles abyssiniennes au teint caramel,
Princesses de pays vassaux, jolies captives
Toutes instruites dans les sciences lascives
Le rassasient chaque nuit de plaisirs charnels

L'enivrent de leurs inoubliables étreintes
Passionnées à l'ardeur nullement restreinte
Mais avant même de visiter ton boudoir,

Je savais que tu surpassais ces Orientales
Alors, je te dédie ces vers, femme fatale,
Avec l'espoir que tu me lances ton mouchoir.

---

[58] L'Empire ottoman
[59] Avenantes

Lolita (2)

Chaque soir, elle m'accueillait dans son boudoir
Elle m'offrait toujours une belle surprise
Variant sa mise d'une façon exquise,
Sensuelle et envoûtante. J'avais l'espoir

Qu'elle me permît de lui montrer mon amour
Autrement que par les vers qu'elle m'inspirait
Habile séductrice, elle faisait exprès
De se montrer dans ses plus suggestifs atours

Puis de m'assigner toute la nuit le fauteuil
Qui lui faisait face. Je lisais mon recueil
D'odes, prisonnier de son sourire enjôleur

Mais elle me refusait le moindre baiser
Je la quittais à l'aube. Afin d'apaiser
Ma déception, elle me tendait une fleur.

La Peau de chagrin

Les objets hétéroclites, sur les étals
S'amoncelaient, lampes, vases remplis de grains
De sable, poupées, livres, colliers du Népal…
Ici, une affiche annonçait : « Peau de chagrin

Authentique ». Je l'examinai, amusé,
Sans écouter les boniments du brocanteur
Singulièrement, cette vieille peau usée
Ne manqua pas de me rappeler mon malheur

Qu'il était doux chaque nuit de franchir le seuil
De son boudoir et d'y recevoir cet accueil
Qui me pétrifiait d'amour. Mais qu'elle était cruelle
Me refusant le moindre baiser de sa belle

Bouche alors qu'elle attisait mes sentiments
Par sa coquetterie. Pour une nuit d'amour,
J'aurais volontiers usé pareil talisman
Quitte à expirer, ravi, au lever du jour.

Parfums

Ce soir-là, elle mit un terme à ma disgrâce,
À mon long exil en me faisant prendre place
Enfin à ses côtés sur le grand canapé
Elle m'attendait, les cheveux défaits, drapée

Uniquement de mystérieuses fragrances
Qui semblaient annoncer une nuit de juillet
Interminable, épicée des plaisirs intenses
Longtemps désirés. Douze parfums l'habillaient

L'entouraient de voiles vaporeux et sublimes
Au travers desquels je devinais un abîme
De sensualité. Je redoutais une ultime

Torture de sa part, un dernier caprice
Car elle fixait, le regard empli de malice,
La tapisserie représentant Artémis[60].

---

[60] Artémis (ou Diane chez les Romains) : déesse de la chasse et déesse vierge à l'instar d'Athéna

Secrets d'alcôve (1)

Dans l'alcôve secrète et raffinée qu'occulte
Une tapisserie de la déesse Diane
Des amants, en fresques, souples telles des lianes
Célèbrent selon le rite indien le culte

De l'amour. Les draps bleus, le lit à baldaquin
Son bois exotique, ses voiles caressants
Les coussins moelleux, la discrète odeur d'encens
Invitent aux baisers, aux délices coquins

Jamais je n'aurais cru trouver dans ce boudoir
Où plein d'espoir, je te fais la cour chaque soir,
Habilement dissimulé, ce sublime antre

De l'hymen que tu destinais à un seul homme
Des plaisirs des sens, nous connaîtrons le summum
À ton invitation, dans l'alcôve, j'entre.

Secrets d'alcôve (2)

Émerveillé tel Actéon[61] épiant Diane,
J'aime à te contempler étendue dans le lit,
Nue, ou revêtue d'une nuisette diaphane
Coiffée d'un turban azur. Je devine et lis

Tes courbes académiques et harmonieuses

---

[61] Lors d'une chasse, Actéon vit fortuitement Diane se baignant nue. Furieuse, la déesse le changea en cerf. Actéon fut pourchassé et dévoré par les chiens de sa propre meute

Ta hanche divine, ta gorge sensuelle
Maints artistes te désirèrent pour modèle,
Souhaitant te peindre en Aphrodite, en baigneuse,

En belle odalisque tenant un éventail
Enviée de ses compagnes, joyau du sérail
Fierté du seigneur de la Sublime Porte

Mais tu refusas de figurer sur leurs toiles
Car à nul autre que moi tu ne te dévoiles
Moi l'amant, que pour toujours, dans ton cœur
                                        [tu portes

Après l'amour

Tendrement, je te regarderai t'assoupir
Heureuse, comblée, rassasiée de plaisir
T'éventant nonchalamment pour te rafraîchir.
Pour qu'en tes rêves persiste le souvenir

De nos ébats amoureux, avec ma guitare
J'improviserai l'air que me suggérera
Ton corps négligemment recouvert par le drap
En l'honneur de tes bras d'une blancheur si rare

Qu'en subtiles caresses mes lèvres effleurent
Mon prélude sera d'une infinie douceur
Puis s'animera pour louer ta chevelure
Luxuriante, estivale. De tes seins, fruits mûrs

Gorgés de soleil, j'extrairai un allégro
Qui coulera sur ton ventre tel un sirop
Avant de se tarir devant le grand mystère

De tes hanches accueillantes que je vénère.

Le Boudoir

Dans la charmante intimité de ton boudoir,
Tu m'éprouves par ton humeur capricieuse
Feignant de bouder, tu jures de me déchoir
Du doux bonheur de me tenir dans la causeuse

À tes côtés. Tu m'exiles dans la bergère[62]
Puis t'isoles en silence à ton secrétaire
Contemplant songeuse, son vêtement de nacre
Tu m'ordonnes de me retirer en fiacre,

Me défends de te visiter le lendemain
Tu consens à me laisser embrasser ta main
En guise d'adieu. Je poursuis les baisers

Sur ton bras nu, ton épaule, ton cou, tes lèvres,
Ignorant tes protestations amusées…
Alors nous embrase une incandescente fièvre.

---

[62] Fauteuil large et profond

SUAVES INSOMNIES

Muse

L'hécatombe[63] alexandrine que je dépose
À tes pieds, agrée-la, Muse au sourire rose
Elle te revient inspiratrice des Arts
Tu as façonné ces poèmes dans mon cœur
Insufflant tendresse, amour et maintes douceurs
Troublant mon esprit d'acérés mielleux, dards
Imaginais-je connaître un jour ces tourments
Amoureux, charmants qui enlacent doucement ?

---

[63] Au sens premier, un sacrifice de cent boeufs

Les Citadelles

Grâce à Caroline

Elles m'enveloppent et m'assaillent les ténèbres
En cette plaine morne, lugubre et funèbre
En moi, l'angoisse, l'épouvante, la terreur !
Mais soudain dans ce monde ignoble une lueur

Petite bougie mais grande flamme : l'Espoir !
Espoir de quitter ce monde où tout est noir
Alors je m'avance par un mauvais chemin
Abrupt jonché de cailloux. En vain de mes mains

J'essaye d'attraper les épineux buissons
À mon ouïe, d'hostiles et d'inquiétants sons
Enfin, j'atteins cette terre lointaine
Enfin je parviens au pays doré : Éden

Là ne sont que chants, danses, ritournelles et bals
Rires, fêtes, festivals, carnavals
Là, Joie et Allégresse, fortes, martyrisent

Tristesse qui gémit et souffre et agonise
Là aucun endroit, aucune place pour le spleen
Mais savez-vous pourquoi ? Grâce à Caroline.

Dalya

Quand je m'ennuie dans ma grisaille citadine
Je murmure votre joli prénom fleuri

Alors je revois ces douces sentes alpines
Là où de vous je fus éperdument épris

Les fleurs se prosternaient bas devant leur princesse
Le soleil se levait pour vous voir vous éclore
Vous contemplant ébahi de son regard d'or
La nuit, des cieux, vous éclipsiez la déesse

La nature s'extasiait devant tant de grâce
De vous s'acharnant à garder la moindre trace
Moi amoureusement, je chérissais vos pas

Happé par le furieux tourbillon de vos charmes
Face auxquels je ne pus que déposer les armes
Dans ma grisaille, je rêve de vos appâts.

Blandine

Ô Dieu ! Que votre noble pâleur m'émeut
Elle allume en moi un insoupçonnable feu
Nouvelle Salomé ! Si vous ôtiez vos voiles
Ébloui par la lumière de cette étoile,

Ce corps qui d'envie eût fait pâlir Aphrodite
J'hésiterais. Sacrifier en ce divin site
N'est-ce pas salir, souiller, profaner ce temple ?
Toutefois, renoncer à vos mouvements amples

De danseuse... N'est-ce pas perdre l'empyrée[64] ?
Dialogue, entente et fusion de nos âmes
Ne suffisent plus à rassasier nos flammes

---

[64] Chez les Anciens, partie du ciel la plus élevée

Alors succombons à ce délicieux péché
Capitulons devant le vœu qui nous est cher
Communion des âmes puis œuvre de chair.

Enfouir son nom

Bercé par un nostalgique air de mandoline
L'esquif s'abandonne à l'onde cristalline
À mes côtés, Tsar, mon chien, l'humeur taciturne
Ne trouble en rien mes sombres pensées nocturnes

Dans les cieux Vénus m'apparaît fort distante
Indifférente au brasier qui me tourmente.
N'effacerez-vous donc jamais ce souvenir
Enterré sous les regrets, me laissant gémir ?

Je la chérissais mais il me manquait du cœur
Timoré, je demeurai. Précieuse amie !
Ainsi vous ne deviendrez jamais ma mie

Il faut oublier les conseils répétés en chœur
Mettre fin aux rêves que nous entretenons
Et, reniant cette amour, enfouir jusqu'à son nom…

Essai

Le noir ruban entortillé autour du cou
Elle gît, offerte, blanche, nue, indécente
Languissante… Le regard franc… Main insolente…
Sans le moindre artifice, sans fard, sans bijoux

Son corps appelle les baisers et les caresses
Hélas, je ne lui montrerai pas ma tendresse
Car fidèle à ma promesse, avec égard
Je ne l'embrasserai que par le seul regard,

Je réfrénerai cette fougueuse passion
Me confiant au pouvoir de l'imagination
Je souffrirai cette délicieuse attente

Enfin convaincue de ma servile obéissance
Elle consentira à réjouir mes sens
Fera de moi l'hôte de son sein, de sa tente.

À une demoiselle

Quand perdu dans les entrailles du labyrinthe
Quand désespéré je n'exhale aucune plainte
Quand je redoute quelque vieux monstre retors
Plus sanguinaire encore que le Minotaure

Je contemple votre allure gracieuse et sage
Cette rougeur qui sied tant à votre visage
Votre délicieuse paire de lunettes
De l'enchantement, alors, je touche les faîtes

Des ailes immenses, majestueuses m'emportent
Bien loin du roi Minos et de ses cohortes
Je virevolte, dans le ciel je folâtre

Survolant les troupeaux et saluant les pâtres
De l'île je découvre les mille merveilles
Avant de monter m'unir avec le soleil.

Circé

Circé la magicienne m'eût envoûté
L'effet eût été immanquablement le même
Ô ! Vos cheveux d'or, votre regard velouté
Tant de grâces dignes de Vénus… Je vous aime !
Il ne m'a point fallu boire quelque élixir
La beauté des traits a suffi à me ravir
Dépeuplant mon âme de toute autre pensée
Et les plaies de mon être en sont même pansées !

Le Deuil

Nos regards amoureusement entrelacés
Nos corps se sont furieusement embrassés
Cherchaient-ils à reconstituer l'androgyne
À retrouver la perfection des origines ?

La fusion des corps torride et licencieuse
La communion des âmes, silencieuse
J'espérais tant que nous connaissions ces délices
J'ai tant prié pour que tout cela s'accomplisse

Mais dépérissant dans le désenchantement
Je me complais dans de singuliers tourments
Je me torture, me mortifie et me flagelle

Je me réjouis en de bien vaines chimères
Je me délecte d'une amour imaginaire…
Je sais pourtant ce que je puis espérer d'elle…

Pénélope

Les Hellènes qui étaient partis guerroyer
Dans l'Hellespont ont tous regagné leurs foyers
Pleurant la mort des compagnons, mais victorieux
Aux dieux, ils ont dédié des sacrifices pieux

Pourtant Ulysse, l'artisan de la victoire
Qui à maintes reprises se couvrit de gloire
N'est point revenu de la guerre contre Troie
Malgré la protection qu'Athéna lui octroie

Qu'advient-il de lui ? En ces contrées lointaines
Si farouches, son cœur s'est-il rempli de haine ?
A-t-il cédé aux feux d'une femme plus belle ?
Un charme puissant l'a-t-il rendu infidèle ?

Il doit pourtant se souvenir combien je l'aime…
Poséidon a-t-il disloqué son trirème ?
Le châtiant pour avoir suscité son ire ?
Non ! Non ! les Champs Elysées[65] n'ont pu
                              [l'accueillir !

Car la Pythie au sanctuaire d'Apollon
M'a conseillée la patience et l'oraison
Alors avec foi, je prie, j'espère et j'attends…
J'attends toujours. Hélas, cela fait si longtemps

Profitant de la jeunesse de Télémaque,
Des ambitieux convoitent le trône d'Ithaque
Piètres courtisans avides de richesse
Qui me harcèlent, me persécutent, m'agressent

---

[65] Lieu de l'Hadès où les héros séjournent après leur trépas

Mais je ne céderai point. J'ai beau être seule
Je ne cesserai de défaire le linceul
Continuant à endurer ce long supplice
Mais certaine du retour triomphal d'Ulysse.

Catharsis

Perdue, ma pensée vogue vers celle que j'aime
Et dont les sentiments ne sont guère les mêmes
Ne pourra-t-elle jamais un jour toucher terre
Et sur les flots faut-il qu'incessamment elle erre ?
Livrée aux caprices des vents qui se jouent d'elle
Organisant et entretenant la querelle
Profonde qui la tourmente : aimer ou haïr
Espérer ou pleurer, oublier et mourir.

Les Jardins de Boboli[66]

De la mort tu repousses le masque livide
Quand de tes tendres bras tu me prends en ton sein
Pour m'accompagner vers des climats moins malsains
La douce quiétude d'un jardin candide

Parsemé de mares où s'ébattent des cygnes
Sous l'œil de statues de personnages insignes
Quelques chats s'offrent aux caresses du soleil
Sur leurs socles, des visages de bronze veillent

Cachée, une grotte propice à l'oraison

---

[66] Ces jardins attenants au Palais Pitti sont situés à Florence

Les richesses s'y entasseront à foison
Afin qu'en ce sanctuaire je te rende hommage

Que je chante ton nom de façon peu sage
Car pour m'avoir conduit en ce jardin princier
Il faut qu'à jamais tu en sois remerciée.

L'Oméga

Dans la pénombre timidement je m'approche
De toi craignant que la musique de la cloche
Ne soit celle du glas et non le carillon
Gai qui à l'église salue les unions

Je t'avoue mon amour que je ne puis éteindre
Je patiente… Je vois un sourire se peindre
Sur ton visage. Ravi je te prends la main
À l'instant nous nous promenons sur un chemin

Commun. Je m'immerge dans l'océan radieux
De ton regard. Tu scrutes le jais de mes yeux
Doucement mes mains vont et viennent sur tes bras
Nus. Ce doux câlin, la nuit se prolongera

Sur mes genoux nous nous enlaçons tendrement
Poursuivant l'écriture de notre roman
D'amour. Je m'enhardis, caresse tes cheveux
Noirs, les défais répondant à tes pressants vœux

Puis je cherche ta bouche afin que tu étanches
Ma soif de baisers. Coquine ! Tu te dérobes
En riant. Je m'amuse à te lécher le lobe
De l'oreille. Mes mains te pétrissent les hanches

S'insinuant doucement sous ton vêtement
Tu cèdes, soupires voluptueusement
Me suppliant de cesser cette douce torture
Mais je sais que tu désires qu'elle perdure

Presque vaincue je te transporte vers le lit
Tu te rebelles un temps à l'idée du délit
Que nous allons commettre, fuyant mes baisers
De te conquérir il ne sera point aisé

Imparablement, je resserre mon étreinte
De caresses… Et ta résistance s'éreinte
Dans un gémissement tu me donnes ta gorge
Je m'en délecte : la saveur du sucre d'orge

Puis je presse mes lèvres contre les tiennes
Les excite de délicieux coups de langue
Il est impossible que tu te retiennes
Encore. Notre couche furieusement tangue

Voilà que tu m'autorises à te rafraîchir
Obéissant à la seule loi du plaisir
Te dédiant seulement à savourer le goût
Des baisers, t'agrippant follement à mon cou

Étendue sur moi tu renonces à toute fuite
La peau embrasée par mes délicieux massages
Qui t'ont transfigurée. De coutume si sage
Si mesurée, tu réclames ardemment la suite

Suavement nos caresses nous déshabillent
Tu te redresses, je te poursuis dévorant

Tes seins. Cette aumône dont parle le Coran[67]
Fera de toi la plus épanouie des filles

Je me réjouis de ton visage tourmenté
De plaisir. Tu supplies, tu gémis, tu halètes
Pourtant je demeurerais sourd à tes requêtes
Respectueux de l'enseignement emprunté

À l'Orient. Indéfiniment te ravir
Ce n'est que quand je me sentirai défaillir
Que je te désaltérerai de ma salive
Notre fusion deviendra alors plus vive.

Allégro paradisiaque

Les roses alanguies de ta silhouette
Crépitent dans le paisible crépuscule
Dans mon hamac je joue de la flûte
En espérant un jour pouvoir te cueillir.

Ève (1)

Je vois sa silhouette blonde et épanouie
Et le souvenir des temps sombres s'évanouit
Celui des amours immobiles et maudites
Pour des succubes[68] distantes sœurs de Lilith[69]

---

[67] Allusion à une parole attribuée à Mahomet : « Chaque fois que vous faites œuvre de chair, vous faites une aumône » qui se trouve dans un hadith (faits et gestes de Mahomet) et non dans le Coran
[68] Démon tentateur femelle

Enveloppé dans dix tourbillons extatiques
Je lis la fusion de nos carrés magiques
Un être à la fois fraternel et altier
Se tient à mes côtés tout au long du sentier

Haniel[70], Seigneur de Vénus et Mihaël[71]
Je vous remercie de m'avoir uni à elle
Car dans cette tendresse mon âme s'élève

Ce que je cherchais en vain dans les manuscrits
Cette amour me le dessine, me le décrit
Hardiesse ravissante et souriante : Ève.

Baiser

Avec une appréhension nullement feinte
Je m'abandonne à la chaleur de ton étreinte
Lentement ta langue interroge la mienne
Nous savourons la fusion de nos haleines

Explorons le goût mélangé de nos salives
Dont le flot nous précipite vers d'autres rives
Ce parfum intime nous exalte, nous grise
Nous raffermissons notre mutuelle emprise

À jamais se désaltérer à la fontaine

---

[69] Selon la kabbale, première femme d'Adam, avant Ève ; Lilith fut plus tard assimilée à un démon
[70] Dans la kabbale archange associé à la planète Vénus et régissant le domaine sentimental
[71] Autre ange dans la kabbale

De l'Autre, pour gravir le chemin qui nous mène
Vers ce sommet, se rassasier de ce nectar

Goulûment jusqu'à en atteindre l'overdose
Qui balaie le souvenir de nos vies moroses…
Notre envol vers les cieux transporté dans un char.

Ève (2)

Mon regard indifférent va de femme en femme
Aucune d'entre elles ne réveille ma flamme
Alors, avec impatience, j'attends l'amour
Qui vienne troubler la quiétude de mes jours

De douces promenades sur le pont des Arts
Des baisers qui se prolongent jusque très tard
Un cercle de caresses qui s'étend sans fin
Ce tendre vertige sentimental, enfin

Je sais avec qui je veux tant le savourer
Beauté enchanteresse aux corps adorés[72]
Elle peuple et submerge chacun de mes rêves

Que ces plaisirs s'incarnent dans la réalité
Et nous enivrera d'une félicité
Olympienne. Je suis épris de toi : Ève.

---

[72] Au pluriel

Laetitia

Ta paupière bleue sourit à ton foulard
Je crois y déceler un délicieux message
Mais je préfère me taire et reste sage
Hélas il faut se séparer, il se fait tard

Caché dans la quiétude de ma cellule
Je dissèque le baiser que je n'ai osé
T'offrir de peur que tu ne t'y sois opposée
J'attends l'anéantissement du crépuscule

Pour enfin savourer l'opium des arcanes
Plonger dans cette science nullement profane
Pape, Mort, Étoile, Force[73] me mentez-vous ?

Mon Verbe sera-t-il libéré de ses liens ?
Mon amour saura-t-il susciter le sien ?
Peut-être lors de notre prochain rendez-vous…

Jonquilles

Afin d'apaiser mon cœur qui souffre et qui aime
J'irai dans les champs m'étendre entre les jonquilles
Écouter les notes tristes d'un requiem
Baguenauder dans les étoiles qui pétillent

Les astres dessinent encore son visage
Ils retiennent cette amour sur cette Terre
Lui interdisant d'entreprendre ce long voyage
Ascendant qui doit la mener dans d'autres sphères

---

[73] Il s'agit de lames (cartes) du tarot divinatoire

Alors spectre parmi les spectres, mon âme erre
Solitaire au milieu d'autres pauvres hères
Espérant tout comme eux retrouver le Soleil

Gémissant, se lamentant face à un miroir
Attristée, endeuillée, tourmentée de n'avoir
Connu une Joie qui eût été sans pareille.

Héloïse et Abélard

Sur vos gisants j'irai immoler une rose
Afin que mon amour déçue enfin repose,
Arrête de me visiter toutes les nuits
Malgré tous mes exorcismes pour qu'elle fuie

Accueillez-la au Paradis des Amours mortes
Guéri je pourrai alors refermer la Porte
Des larmes stériles. Oyez cette supplique !
Envoyez-moi une tendresse nostalgique

Délivrez-moi de cette passion amère
Alors je voguerai à nouveau sur la Mer
Des sentiments, enfin apaisée, cherchant l'Île

Avec ses champs d'oliviers, ses bergers joueurs
Son temple qui exhale d'uniques senteurs
Sa vestale qui aimera mon cœur fragile.

Scorpion

Mêlée confuse et sanglante
Mêlée adorée
J'abats mon glaive
Je frappe et tue
Je n'ai point de camp
Sinon celui du combat violent
Et joyeux
Tremblez ! Car je suis votre Mort
Et votre humiliation
Vous êtes ma nourriture
Et je me repais de vos chairs
Sanguinolentes et putréfiées
La musique de vos agonisants
M'est douce
Et je chante leurs râles
Pour endormir mes enfants
Moi cruel !
Réjouissez-vous ! Car j'ai une femme
Qui tempère mes ardeurs morbides
Et dans la couche
Les subit à votre place
Recevant l'épée en son sein
Alors elle me parle doucement
Et elle me dompte et me dresse
Et je redeviens un doux enfant
Obéissant et tendre

La Jonque

Que les dieux t'accompagnent
Jonque des mes amours

Les vents déchaînés n'auront point prise
Sur toi. Tu n'auras rien
À craindre des pirates
En ton honneur les ports
Donneront du canon
Les pirogues t'offriront leurs fruits
Tes cales regorgeront d'épices
Et ta précieuse passagère
Nous reviendra enchantée.

Céline

Ton charmant teint hâlé, fille de Casamance[74]
M'incline à la ronde nuptiale de Byzance
Au tropaire[75] mystérieux que le chœur entonne
À la grâce qu'octroient les glorieuses couronnes[76]

Consentiras-tu à m'offrir le doux breuvage
De tes lèvres, inégalé vin de Cana
À recevoir mes mille et un baisers
Dédié à la muse qui en toi s'incarna

Car cédant face au noir flot de ta chevelure
Mon cœur naguère narcissique se fissure
Expire sa plus voluptueuse haleine

Il ne vit plus que de tes plus suaves senteurs
Dans cet encens qu'à jamais notre amour demeure

---

[74] Région du Sud du Sénégal
[75] Dans le rite byzantin, court hymne liturgique résumant le sens d'une fête
[76] Allusion à l'office du mariage dans le rite byzantin

Confondant nos corps dans une houle africaine.

L'Attente

Chaque jour, qui de ta part se clôt sans réponse
Est un dard anxieux qui dans mon cœur s'enfonce
Libérant un délicieux venin d'amour
Inoubliable Grâce ! Venez à mon secours
Ne dédaignez point mes bien modestes offrandes
Et accordez-moi l'amour que je vous quémande.

Amours florentines

Seraient-ce les beautés qui nous émerveillaient
Qui révélèrent cette amour qui sommeillait ?
Antiques palais aux fresques ensorcelantes
Aux jardins d'Éden à la quiétude envoûtante

Cupidon, les yeux bandés décocha son trait
La flèche nous blessa, dévoilant nos attraits
Vénus blonde et épanouie sortant de l'onde
David fier et serein armé de sa fronde

Délicatement l'Arno[77] berçait nos amours
Épousait la contemplation de nos atours
Même enfermés au fond d'une crasseuse mine

Éloignés de ces œuvres si enchanteresses
Même victime de la pire des détresses
Nous aurions vécu ces amours florentines.

---
[77] Fleuve qui traverse Florence

L'Alpha

Gaiement mes doigts graciles, coquins et malins
Agressent suavement ton corps de câlins
Ensevelie sous ces délicates caresses
Libertines, tu cèdes aux assauts qui te pressent
Lèvres insatiables cherchant les miennes
Exhalant de longs soupirs qui, vers toi, m'amènent.

Odalisque

Ah ! Si je connaissais les règles du portrait
J'immortaliserais tes charmes, tes attraits
En une composition orientale
Exhalant le jasmin et le bois de santal

Odalisque blonde étendue sur un divan
Divinement embellie aux soins du Levant
Au caramel et à la vapeur du hammam
Les fleurs, tes rivales de jalousie s'exclament

Les sources du jardin se taisent et se recueillent
Les figuiers en ton honneur sacrifient leurs feuilles
Sultan, j'aurais, pour toi banni tout mon harem

T'aurais livré mon cœur dans un précieux écrin
Me soumettant à la loi de tes yeux sereins
Avant d'orner ton front d'un impérial diadème.

Initiation

L'Étang

J'ai vu le jour dans l'Étang, dans ses eaux profondes
Préservées de la lumière du Soleil
Dont le triste éclat nous détourne de l'Éveil
J'ai joué dans ces eaux qu'ils disent nauséabondes

Mais où une vie insoupçonnable abonde
Dans le dédale fou des plantes aquatiques
Qui prospèrent sans la lumière du monde
J'ai parlé au crapaud, poursuivi le dytique[78]

Cet univers en vain votre regard le sonde
Mais à tout jamais il vous demeure opaque
Car vous ignorez tout des trésors de cette onde

De ses joyaux, de ses merveilles, de ses Pâques
N'y accèdent qu'initiés et clairvoyants
Ceux qui demeurent fidèles à leur Étang

Le Troupeau

Un jour vous quittez l'Étang découvrez la terre
Et ses hommes. Ils se disent tous différents
Illusion ! Par-delà ce qui est apparent
Aucun d'entre eux n'a l'âme bien singulière

---

[78] Insecte aquatique carnivore vivant dans les étangs

Tous se prosternent bien bas devant le soleil
Source de tout bien, de toute vérité
Astre de la vie et suprême déité
Misérables humains dont les âmes sommeillent

Mais à trop fréquenter le troupeau de fidèles
Je leur ai ressemblé, adorant leur idole
Le regard sans cesse tourné vers le ciel

Alors déclina le feu de mon auréole
J'ai adopté la morale des médiocres
Petite, pitoyable et horriblement ocre.

Éclipse

Des cris stridents me tirèrent de ma torpeur
Le spectacle que je vis m'emplit d'horreur
Le soleil disparaissait sous un disque noir
Bientôt il fit aussi sombre que le soir

Les hommes se lamentaient, criaient et priaient
Ils se frottaient le front avec de la poussière
À l'écart un Homme dédaigneux et fier
Regardait la scène et en silence riait

« Quoi ! Alors que s'accomplit ce destin funeste
Alors que la Terre est plongée dans les ténèbres
Tu sembles rigoler ! Serais-tu inconscient ? »

« Paix ! Ton soleil réapparaîtra, sois patient !
Moi, pour ma part, je ne le nécessite pas
L'éclat de mon auréole guide mes pas. »

Veranomos

Alors, cet Homme, Veranomos, m'instruisit
Les idoles révérées, il les détruisit
Le soleil ! Piètre et misérable déité
« Quand te départiras-tu de ta cécité ? »

L'éclat du soleil constitue la lumière
Des faibles, sans laquelle incessamment ils errent
Mais l'Homme se doit d'errer jusqu'à découvrir
Le nectar et l'ambroisie qui vont le nourrir

Mais les hommes ont renoncé à la conquête
Ils ont fui les périls de l'incessante quête
Ils ont choisi la tranquillité sédentaire

Ils ont placé la vraie lampe sous le boisseau
Se condamnant à ne pas quitter le ruisseau
À croupir éternellement dans la misère.

Alcibiade[79]

Je trompai la vigilance des gardiens
M'introduisant à minuit dans le saint des saints
Résolu à accomplir mon noble dessein.
Mes yeux explorèrent la pénombre : rien !

Aucune idole ! Nul symbole ! Les grands prêtres
Interdisent au peuple l'accès en ces lieux
Pour le réserver aux initiés et aux pieux

---
[79] Homme politique athénien (vers 450 avant J-C – 404 avant J-C) qui fut accusé de sacrilège

Peuple conduit tel le troupeau qu'on mène paître

Incapable de te détourner des bergers
Te vantant un idéal qui t'est étranger
Te vouant au néant. Sache donc l'imposture
Le mensonge de ces hommes en habit de bure

J'aurais tant voulu fracasser quelque statue
Mais la salle s'offrait immense, nue, vide
Je la souillai, froid, dédaigneux et impavide
Pour montrer de cet endroit quel est le statut.

Pâques

« J'en suis l'auteur et je ne le regrette point
Car de la Vérité, de la Voie, je suis l'Oint »
Je savais bien ce que ces propos me vaudraient
Crucifié, lapidé, brûlé, je finirai

Sur la place publique, la foule s'amasse
Haineuse. Conspué par cette populace
Qui réclame le châtiment du criminel
J'ai déjà regagné l'Etang originel

Seule mon effigie connaîtra les tourments
Moi, déjà dans l'onde des marais, lentement
Je m'immerge. D'abord afin de me défaire
Des restes d'humanité et briser mes fers

À nouveau, je plonge et revois mes amis
Le Crapaud se réjouit de me voir remis
De mes erreurs… Je puis regagner la surface
L'eau m'a purifié de toute cette crasse

Enfin aux confins de l'Etang j'accéderai
Là-bas je m'enchanterai de tous mes attraits
À l'abri de la pâle lumière du jour

Je m'embrasserai et je me ferai l'amour
Quand enfin je sortis, je vis Veranomos
Dans son sourire, l'immensité du Cosmos

Mort et résurrection

Cimetière

Quand j'ai l'humeur sombre, ténébreuse et morbide
Quand me persécutent des idées de suicide
Pour apaiser mon âme endeuillée, anxieuse
Je m'offre aux câlins de la bruine délicieuse

Alors, j'arpente les allées du cimetière
Contemplant les mausolées qui se dressent, fiers
Examinant les plus modestes sépultures
Où ils reposent, inconnus, oubliés, obscurs

Terrible récit de la destinée humaine
Qui invariablement s'achève dans la peine…
Mais j'aime ces lieux… À l'image des chats

J'y vis et j'y erre… au point d'en être hanté.
Quotidiennement, je reviens les fréquenter
Je voudrais que nul ne m'en empêchât.

Le cygne

T'admirer et te manifester mon amour
Tel était mon désir secret de tous les jours
Quand enfin je pus caresser ton blanc plumage
Ce fut pour te rendre un bien funèbre hommage

Doux ami qui enchanta et ravit mes heures
Il est juste que reconnaissant, je te pleure

En souvenir de ta gracieuse silhouette
Qu'eût envié la plus belle des goélettes

De notre mélancolie à l'idée qu'il faille
Se quitter si tôt, de la joie des retrouvailles…
Tristes retrouvailles que celles du midi

Où je découvris la terrible tragédie…
Je te dédie ces modestes alexandrins
Bien piètre face aux chants des bords méandrins[80].

Nina

Devant ta sépulture noircie par les temps
J'aime à me retrouver silencieux, tentant
De percer le secret de ton prénom : Nina
Recelait-il pour celui qui imagina

Pareille demeure… Un amour passionné
Le récit d'une courte existence commune
Que vint interrompre la mauvaise fortune
Les fleurs qui ornaient ta tombe se sont fanées

Depuis longtemps… Il ne reste plus qu'une pierre
Dépouillée, sobre épargnée par le lierre
Nul nom, nul date ; juste une armoirie

Insigne sans doute d'une ascendance illustre
Mais le souvenir s'est perdu avec les lustres…
Alors nous te parons de multiples soieries.

---

[80] Méandre : fleuve célébré dans l'Antiquité pour sa beauté et celle de ses cygnes

Souvenirs

Qu'il me fut pénible un temps au matin d'entendre
Les oiseaux se héler… Le voile de la nuit
Inéluctablement face au soleil s'enfuit
Et pour moi l'existence se couvre de cendres

Dans le rêve j'avais trouvé le réconfort
Je m'immergeais dans l'ataraxie[81] du néant
Ou me découvrais invincible et tout-puissant
Au réveil je pleurais de ne point être mort

À jamais prolonger le sommeil et quitter
Ces enfers pour les fastes d'une antiquité
Perdue dont seule mon âme se souvenait

J'aurais tant voulu savourer ton froid baiser
Mort ! Il m'aurait conduit vers une vie aisée
Las ! Ma libératrice jamais ne venait.

Le sicaire

Bientôt au pied de ce sycomore
Naîtra ce qu'on appelle une mandragore
Malheureux, misérable fruit de mes entrailles
Dernier souvenir de la canaille

Que je fus. Pourtant j'avais cru servir sa cause
Mais à présent dans un sépulcre il repose
À une longue torture ils l'ont soumis
Victime de la trahison de son ami :

---
[81] Absence de trouble dans l'âme

Moi. Depuis toutes mes nuits sont hantées de songes
Terrifiants qui dans le désespoir me plongent
Je ne sais plus comment effacer mes remords

Me retirer au désert, me mortifier ?
Jamais cela ne suffira à expier
Mon crime. Il ne reste qu'une voie : la Mort

Te Deum

Depuis quelques jours déjà, Lazare se meurt
En vain médecins et guérisseurs se succèdent
Car devant le mal, la vie terriblement cède
Désespérées, elles attendent le Sauveur

Mais Lazare n'est plus. Il reçoit un linceul
En ultime vêtement. On roule la pierre
Devant la grotte au milieu des prières
Elles se lamentent. Il les a laissées seules

Oubliant son ami. « Tu arrives bien tard
Rien ne peut empêcher que la mort nous sépare
De lui. » Mais à la lumière des flambeaux

Le Dieu-Homme se fit mener au tombeau
Un geste et s'évanouit l'odeur de corruption
Tous, du mort, glorifièrent la résurrection.

Socrate

Ciel comme je voudrais tant m'appeler Narcisse
Afin que de mon reflet je m'enorgueillisse
Dans les eaux tranquilles de l'Étang je me mire
De tous, je suscite l'envie et le désir

Hélas, ce miroir mouvant où mon double nage
Ne me renvoie qu'une bien pitoyable image
Mais j'ai scruté l'Étang jusqu'à en voir le fond
Là où pour les médiocres tout se confond

J'ai vu ma beauté, je me suis extasiée
Longuement, charmée. Une fois rassasiée
J'ai rejoint la cité et les hommes m'ont vue

Certains ont passé leur chemin, indifférents
Mais les sages, eux, m'ont accueillie dans leurs rangs
Célébrant ma transfiguration imprévue.

L'Âne et le Chien

Les enfants enfin libres
Dansent sur la carcasse
Putréfiée d'un mouton
Une grand-mère se lamente
Sa rose est fanée
Définitivement morte
Le jeune prince s'ennuie
Dans son palais
Entouré de momies vivantes
Qu'il rejoindra bientôt.

Les Nombres

Dans le tourbillon magique d'un carré
Je cherche ton nom inlassablement
Un jour sans doute parviendrai-je
À l'accorder avec le mien.

Orgie

L'alcool coule à flots
Les femmes aussi
Et mon esprit troublé
S'enfonce dans la brume
Bientôt je m'épancherai.

Pénélope

Je m'accroche à la spirale enivrante
De ton regard acidulé
Je titube épuisé par l'effort
Pourquoi ne viens-tu pas me relever ?

Sébastien

L'opium trouble ton esprit
La méditation aussi
Et les flèches aiguës de la vie
Se posent doucement sur ta peau.

Sophie

Tu goûtes à toutes les sagesses
En quête de la vérité
Mais tu ignores tout
De l'un et du multiple
Alors tu cherches et cherches encore.

Omar

Le prince arabe galope vers Damas
Sa jument magique s'interroge
Pourquoi quitter Jérusalem ?

Pyramide

La tête du décapité jubile
Fichée sur un tronc
Jamais elle n'avait atteint
De tels sommets.

Omar

Combien de fois me demandas-tu un poème ?
Mais écrirai-je pour un homme que je n'aime
Certes il est rigolo, sympathique et aimable
Mais lui décerner des vers doux et agréables !

De tels écrits je ne les dédie qu'à de belles
Demoiselles que je courtise avec un zèle

Fou. Et je ne suis point habitant de Sodome
Pour que j'offre mes alexandrins à un homme !

Mais le miel de ton amitié ne se corrompt
Point et apaise mon cœur qui d'amour se rompt
À ta demande je ne puis donc me soustraire

Sensible à tes qualités que je reconnais
Reçois en hommage ce modeste sonnet
Qui s'imposait le jour de ton anniversaire.

Sirocco

Tu recouvres la ville d'une ocre coupole
Tu fais danser les femmes dans leurs blancs haïks[82]
Tu entretiens partout comme un vent de panique
Tu lances les feuilles dans une course folle

Dans ta charge digne d'une fantasia[83]
Que transportes-tu ? Seulement de la poussière
Aveuglante ? Les enchantements du désert ?
Les prières mystiques d'une zaouïa[84]

Les âmes éplorées des aventuriers
Des ambitieux qui ont osé défier
L'immense, l'intraitable Sahara
Et dont la supplique à jamais nous hantera

---

[82] Long vêtement féminin de couleur blanche et couvrant tout le corps, propre au Maghreb
[83] Spectacle équestre propre au Maghreb lors duquel les cavaliers effectuent des charges tout en tirant
[84] Confrérie musulmane

Un djinn errant arraché à ces solitudes
Recherchant en un mortel une vie moins rude…
Sirocco, tu es un inestimable livre
De marabout et tes tourbillons fous m'enivrent.